武漢仲裁

ARBITRATION OF WUHAN

武汉仲裁委员会（武汉国际仲裁中心）
湖 北 省 法 学 会 仲 裁 法 研 究 会 　主办

（第1辑）

法律出版社
LAW PRESS·CHINA

主　办

武汉仲裁委员会（武汉国际仲裁中心）

湖北省法学会仲裁法研究会

卷首语

自《中华人民共和国仲裁法》颁布实施以来，中国仲裁事业经历了从无到有、从单一到多元的发展历程，无论是在机构设置还是在业务拓展、制度建构等方面，均取得了举世瞩目的成就。仲裁的社会参与度逐年提升，中国仲裁的公信力和影响力正不断扩大。在仲裁实践稳步推进的同时，如何实现以理论创新引领实践潮流，成为新时期武汉仲裁的新使命。为此，武汉仲裁不断调整充实仲裁发展与创新领域布局，凝练聚焦重大发展任务，立足理论研究和实务探索，努力实现前瞻性基础研究和引领性原创成果。

诚然，对美好法治的追求，需要硬件设施的物质供给，也需要法律研究的智识助力。武汉仲裁委员会（武汉国际仲裁中心）于2006年开始出版《商事仲裁》系列出版物，为武汉仲裁仲裁法律实务发展添附了浓厚的文化底蕴，供给了强大的理论支持。但由于《商事仲裁》名字过于宽泛，无法突出地方特色，且图书开本较大，不方便读者携带，为方便读者阅读，继续扩大其在实务界和理论界的影响力，使书刊更好地发展，编辑部在积累了充足的发行经验、先进的出版理念基础上，决定将《商事仲裁》改版更名为《武汉仲裁》，并对其版式与封面设计进行全新调整。

时逢仲裁体制改革之际，我们既有幸抓住新的发展机遇，又需面临新一轮提炼“仲裁问题”、升华理论命题、推动仲裁理论创新与变革的严峻挑战。在这一时代背景下，承蒙社会各界的关心与支持，《武汉仲裁》愿与各界仲裁同仁一道秉持理性、情怀和责任，原道古今，一起搭建高水平、有特色的学术交流与创新平台。通过交流仲裁理论上的学术洞见，以及仲裁实践问题的深度回应和对策性研究，进一步推动中国仲裁事业的发展。

在新时代中国仲裁的伟大实践中，《武汉仲裁》将继续坚定正确的舆论导向，紧跟新的时代步伐，把握仲裁创新脉搏，高度重视自身传播能力的建设和传播手段的创新，不断提升学术的传播力、引导力，以传播为务、读者为一；持续致力于为仲裁参与者提供专业的实务知识，不遗余力地为读者提供新的仲裁实践经验与思考路径，为仲裁研究者提供精要的仲裁理论前沿。本书组稿也将以理论与实践结合为根本，充分凸显武汉仲裁特色，发挥本书影响力，提升武汉仲裁凝聚力，发挥品牌优势，生成品牌力量，再接再厉为中国仲裁事业的繁荣发展添砖加瓦。

借此机会，谨向长期以来一直关心支持本书的各界朋友、广大新老作者和读者致以衷心的感谢。《武汉仲裁》定将初心不改，重新起航。

《武汉仲裁》编辑部

2018 年 12 月

目　录

【专论】

浅谈仲裁机构与仲裁员的双向选择[①]

刘健勤[*]

摘　要　我国《仲裁法》施行至今20余年，中国仲裁事业的发展正实现由速度型向效益型、外延型向内涵型的转变。自党的十八届四中全会明确提出“完善仲裁制度，提高仲裁公信力”的指导方针以来，仲裁公信力建设已经是当下仲裁界最热门的话题。仲裁公信力建设离不开仲裁机构和仲裁员，本文拟从仲裁机构与仲裁员双向选择的角度，分析仲裁机构对仲裁员的需求以及仲裁员选择仲裁机构的标准，探讨如何充分发挥仲裁机构与仲裁员的作用，提升仲裁公信力，推动仲裁事业的良性发展。

关键词　仲裁公信力　仲裁机构　仲裁员　双向选择

经过全国仲裁界20多年来的艰苦奋斗，中国仲裁事业取得了举世瞩目的成就。当前，我国仲裁事业正处在第二次创业的跨越式发展阶段，[②]仲裁机构作为仲裁公信力建设的载体，更关注仲裁

① 本文改自作者上海国际仲裁周高峰论坛武仲分论坛讲话稿。

* 武汉仲裁委员会常务副主任。

② 参见卢云华：《关于中国仲裁基础理论和发展方向的两点意见》，载《法制日报》2018年1月8日。

文化的建设，更关注仲裁内部治理结构调整，更关注仲裁服务水平、服务质量，更关注仲裁机构品牌和核心竞争力建设，这都应当属于仲裁公信力建设的范畴。谈仲裁公信力建设必然也要谈仲裁员，因为仲裁员才是仲裁制度真正的践行者，也是仲裁制度得以健康发展的保障。“有什么样的仲裁员，就有什么样的仲裁”，这句几乎被用滥了的名言具有无比的正确性。

仲裁员是一种特定的身份，只有符合《仲裁法》的规定，被仲裁机构聘任的专业人士才能被称作仲裁员。实践中，各仲裁机构在选聘仲裁员的标准和尺度上存在差异，在比较各仲裁机构仲裁员的选聘条件后，我们不难发现，仲裁员的选聘标准越来越高，仲裁机构对仲裁员的需求也逐渐向专业化、国际化、职业化发展。

一、仲裁机构对仲裁员的需求

我国《仲裁法》第 13 条规定，仲裁委员会应当从公道正派的人员中聘任。仲裁员应当符合下列条件之一：(1)通过国家统一法律职业资格考试取得法律职业资格，从事仲裁工作满 8 年的；(2)从事律师工作满 8 年的；(3)曾任法官满 8 年的；(4)从事法律研究、教学工作并具有高级职称的；(5)具有法律知识、从事经济贸易等专业工作并具有高级职称或者具有同等专业水平的。我国《仲裁法》第 67 条规定：涉外仲裁委员会可以从具有法律、经济贸易、科学技术等专门知识的外籍人士中聘任仲裁员。

法律规定了仲裁员的选聘品德条件、专业条件以及国籍条件，这些条件对于各仲裁机构来说只是入门级条件。在仲裁员选聘的实际工作中，筛选的标准远高于此。仲裁机构所需求的仲裁员，概括起来有以下几个标准：

(一)优中选优，发挥仲裁员对机构的助力作用

为确保仲裁案件的质量，同时兼顾仲裁制度推广的需要，各仲

裁机构对仲裁员的选聘除满足法律标准外，对申报人员的社会地位、专业背景及其他自身条件进行越来越严格的审核。因受机构仲裁员整体规模和专业比例的限制，仲裁员的人数是有限的，而申报仲裁员的人数却逐年增多，尤其是全国排名靠前的几家仲裁机构，真是“一位难求”。各仲裁机构会对申报人员进行严格的道德品行调查，专业能力和成就的比较，理论素养和法律功底的甄别，社会地位和影响力的判断，办案水平和庭审驾驭能力的筛选。因此，现在想当一名仲裁员不是一件很容易的事。

之所以优中选优、强中选强，是因为仲裁员自身条件能助力仲裁机构的发展。第一，仲裁员的口碑与声誉，是仲裁机构公信力的重要组成；第二，仲裁员的专业水平和裁判能力，是仲裁机构的核心竞争力；第三，仲裁员的社会形象和影响力，是仲裁机构品牌建设的重要因素。

（二）价值认同，保证仲裁员自觉履行仲裁员职责

仲裁机构是仲裁员施展才能、实现法治理想的平台，是仲裁员学习、交流、提高专业技能的平台，也是仲裁员提升自我价值，提高社会认同感的重要平台。因此，仲裁机构的发展与仲裁员的自身发展息息相关，可以说两者是一个利益共同体。仲裁员能与仲裁机构保持一致的价值认同，聚力向心，把仲裁事业、仲裁机构的发展作为己任，是保证仲裁员自觉履行仲裁员职责的关键。具体而言，有以下几点基本要求：

第一，完整、正确地解读仲裁制度，认同仲裁的发展理念；

第二，关注仲裁法制的建设和完善，关心仲裁机构的发展以及新动态，积极献言献策；

第三，努力提高自身专业水平和仲裁能力，积极参与仲裁

活动；

第四，履职尽责，敢于担当，主动维护仲裁机构的整体形象。

（三）国际视野，适应仲裁机构国际化发展需要

当前，我们越来越深切地感受到经济全球化和国家重大战略部署正推动着中国仲裁事业快速发展。第一，境外仲裁机构在中国推广仲裁服务的力度加大，中国香港国际仲裁中心、新加坡国际仲裁中心、国际商会国际仲裁院先后在中国（上海）自由贸易试验区设立代表处。第二，国内仲裁机构向特定行业或国家战略服务靠拢，专门仲裁机构纷纷设立，如中国（上海）自由贸易试验区仲裁院、"一带一路"（中国）仲裁院、海峡两岸仲裁中心、中国南沙国际仲裁中心、上海外滩金融中心等。第三，国内仲裁机构纷纷打造自己的"国际仲裁中心"。因此，面对日益复杂和多元的市场经济形态和结构，面对"走出去"与"请进来"企业的多业态、多领域格局，面对开放化新思路下市场主体呈现出的多样化需求，仲裁机构对仲裁员的需要越来越呈现出国（类）别多样化、知识结构多元化、裁判思维国际化，以适应仲裁机构国际化发展的需要。

应当说，仲裁事业的发展为致力于从事仲裁员工作或者希望向职业仲裁员发展的专业人士来说，既是机遇又是挑战。面对越来越广阔的仲裁服务市场，谁抢占了服务的先机，谁就赢得了市场；谁抓住了发展的机遇，谁就获得了更大利益。

二、仲裁员选择仲裁机构的标准

由于案件质量保障、仲裁员队伍稳定性、仲裁机构声誉与公信力的需求，优秀仲裁员越来越成为优势资源、稀缺资源。从某种程序说，仲裁机构之间的竞争就是仲裁机构在册仲裁员水平的竞争。现在，不少业内声望较高的知名专家会接到多家仲裁机构的邀请。

经过我们初步调查、了解，这些专家在选择仲裁机构时会主要考虑以下几个方面的因素：

（一）申报考虑因素

1. 机构的品牌、实力与影响力。这是没有争议排序第一的因素。仲裁机构的品牌、实力与影响力，体现了一个机构的文化和价值观，体现了一个机构的发展前景，体现了一个机构社会认同度。专家们愿意选择这样的机构，一是认为与自己的"气质相投、门当户对"，在沟通、交流上没有障碍，契合度高；二是能给仲裁员带来更多有益的影响，不仅能借助这个平台进一步提升自己的声誉、社会认知度，而且只有在这样的平台上才能接触到更多更复杂更具挑战性的案件，从而不断提升自己的专业水平、拓宽自己的专业领域，为自己的本职工作创造更多的提升空间；三是仲裁机构所秉持的仲裁理念更为先进，能更好地坚持仲裁庭的独立性原则，仲裁庭所受到的案外干扰也会更少。所以，专家们愿意选择有实力、有影响力的仲裁机构，成为这个机构的仲裁员，并与之相生相长。

2. 机构所在地域。从仲裁员办理案件的便捷性考虑，这是非常重要的因素，毕竟仲裁员的时间、精力有限，因此仲裁机构所在地的仲裁员比例往往是最高的。

3. 专业仲裁员的整体素质。中国文化中的人际关系，从某种意义上讲，可以说就是圈子文化。常言道："物以类聚，人以群分。""人以群分"，说明人需要成群，人可以自主选择什么样的群体；反过来，这个选择也能表明，你是个什么样的人。所以，专家们在选择仲裁机构时，也非常看重本专业领域其他在册仲裁员的专业水平。网络上流行一句话：与凤凰同飞，必是俊鸟；与虎狼同行，必是猛兽；你能走多远，看你与谁同行！

4. 与机构的人情关系。中国是个人情社会，专家们在选择仲裁机构时会考虑与机构或机构相关负责人的个人感情，毕竟感情的连接和认同是人际交往的第一纽带。一来有朋友邀请或推荐，磨不开面子；二来有朋友在仲裁机构，天然有亲近感，愿意相互扶持。

（二）工作侧重因素

专家们成为一家仲裁机构的仲裁员后，是否愿意为该仲裁机构投入更多工作精力？专家们同时是两家以上仲裁机构的仲裁员，他的工作重心更愿意偏向哪家仲裁机构？笔者经过调查研究，在这里列举三个最主要的因素。

1. 与机构的情感。在调查中，大多数仲裁员将这一因素放在第一位，颇令我们感动。仲裁员在仲裁机构通过办案、参与仲裁活动亲身体验仲裁机构的文化、服务与管理水平，感受机构的温度和情意，逐渐形成自己对仲裁机构的情感认同尺度。交往时间越长，交往越密切，情感认同度越高，直至发展成为感情共同体，自然愿意为之投入更多时间、精力。

2. 仲裁庭的独立性。仲裁员在办案过程中最不愿意受到案外因素的干扰。仲裁机构有没有不恰当地影响仲裁庭独立办案，仲裁机构能不能帮助仲裁庭排除或屏蔽案外干扰因素，仲裁员的办案风格和个性有没有被尊重，这些都是仲裁员非常敏感的因素。如果仲裁员感觉在某仲裁机构办案束手束脚，不被尊重，那就无法指望这个仲裁员与机构同甘共苦了。

3. 仲裁员报酬。这是很多仲裁员不太好意思说出来的因素，我们非常理解，虽然这个因素不是最主要的，但很重要。仲裁员在仲裁机构办案,理应获得报酬。但受到仲裁机构体制机制、所在城市经济水平等诸多因素限制,仲裁员报酬各地不同,而且很难做到与仲裁员付出的劳动强度与劳动价值画等号。当然很多仲裁员把仲裁工作当作公益活动,并不计较报酬的多少,但在同样的工作难度和强度下,仲裁员报酬比例高的机构还是会有更大吸引力。

三、武汉仲裁家园建设

以上介绍这么多,就是来“吹萧引凤”的,也想给大家介绍一下武仲家园建设的未来规划。希望武仲的仲裁员们对武仲更有信心,以武仲为荣;更希望关注武仲的专家们能欣然加入武汉仲裁。

(一)硬件建设

“要引凤先筑巢”。为了让仲裁员们有一个舒适、方便的工作环境,武仲的办公楼一直在升级中,现今云林街的办公楼已是3.0版的,目前看来已经不适应仲裁发展的需要了。从2015年开始我们就着手武仲业务大楼的升级工作,准备建设总面积18,178平方米,高10层的新业务大楼。大楼设计取意“公正、聚合”,外形方正,内部景观退台设计将湖景、公园、屋顶花园、庭院景观聚合成为景观轴线,设计感极强。大楼设有200个车位,有供庭审活动使用的会议室、仲裁庭、调解室、仲裁员办公室、休息室、外地仲裁员客房等,各种配套都体现功能化、信息化、现代化。

(二)软件建设

对于武仲来讲,软件建设一直优于硬件建设,武仲的多元服务方式,立体管理构架,专业平台搭建,理论与实践并趋等软件配套一直走在全国仲裁的前列。今后,武仲将更加努力,进一步提升自己的服务、管理水平。

1. 进一步提升管理的科技化、智能化

目前，武仲已经实现了仲裁工作管理、案件程序推进、公文远程审批以及其他行政管理方面的电子化运作模式，开通了微信办公、办案、查询功能，同时针对消费信贷领域推出了网上仲裁服务。武仲云APP已开始在银行、持牌消费金融机构应用，金融消费、汽车消费等网上仲裁案件中已使用CA数字验证、人脸等生物特征识别验证，保证程序安全。今后，武仲将加大“互联网+仲裁”的研究和实践工作，推出更多的网上仲裁项目，用更先进、更便利、更安全的管理手段保证办案质量和效率。

2. 进一步提升服务的精细化、人性化

武仲能有今天的成绩，与武仲人较强的服务意识分不开，我们一直秉持服务的主动性、延伸性、创新性和高效性。今后，武仲将进一步提升服务质量，在服务的精细化和人性化方面挖潜，关注服务对象需求，聚焦服务细节，尤其是在仲裁员服务方面更多地体现机构的温暖和关怀，增加仲裁员的归属感。

3. 进一步提升机构发展的开放化、科学化

武仲自成立以来，一直牢固树立“一切为了发展、一切有利于发展”的思想，坚持全面、快速、可持续的仲裁发展观，由此夯实了武仲的发展基础。今后，武仲的发展将面临更多的挑战，如仲裁公信力建设、仲裁发展的专业化和国际化进程、境内外仲裁机构的竞争、仲裁机构的体制机制改革……居安思危、未雨绸缪，今后武仲将以更开阔的全球视野、更科学的战略规划，提前思考、大胆融入，保证仲裁事业的快速、科学、有序发展。

四、结语

仲裁机构与仲裁员之间是一个双向选择的过程，仲裁机构在

选择仲裁员时希望优中选优，充分发挥仲裁员的助力作用；仲裁员在申报仲裁机构时也会考虑仲裁机构的品牌、实力与影响力等多种因素。可以说，仲裁机构的发展离不开仲裁员作用的发挥，仲裁员作用的充分发挥也离不开仲裁机构的支持。只有仲裁机构和仲裁员之间存在价值认同，共同努力，才能保证仲裁事业良性发展，提高仲裁公信力。

我国《仲裁法》颁布施行20余年来，武仲的成绩有目共睹，武仲人的热情和执着更具魅力。我们开放包容、我们善思笃行、我们奋勇争先、我们正气昂扬。欢迎更多致力于仲裁事业的专家们加入武仲，携手共建武仲美好家园。

Abstract The "Arbitration Law" has been in operation for more than 20 years, the development of arbitration in China is realizing the transition from speed type to efficiency type and extension type to connotation type. Since the Fourth Plenary Session of the 18th Communist Party of China (CPC) Central Committee clearly put forward the guiding principle of "improving the arbitration system and improving the credibility of arbitration", Currently, the construction of arbitration credibility has become the hottest topic in Arbitration. The construction of arbitration credibility cannot be separated from the arbitration institutions and arbitrators. This paper intends to analyze the needs of arbitration institutions for arbitrators and the criteria for arbitrators to choose arbitration institutions from the perspective of two-way choice between arbitration institutions and arbitrators, and explore how to give full play to the role of arbitration institutions and arbitrators, to enhance the credibility of arbitration, Promote the benign Development of Arbitration.

Keywords Arbitration credibility Arbitration institution Arbitrator Two-way choice

【专题研究:仲裁公信力】

中国仲裁公信力建设的侧面思考

袁发强*

摘　要　公信力不够是当前我国仲裁发展的主要问题。这一方面是因为仲裁机构在当地政府财政支持和行政级别待遇保障下自身改革动力不足，也是因为缺乏竞争压力所致。因此，要提高我国仲裁公信力，就应当引入竞争机制促使仲裁机构改革完善自身管理机制和运行模式，大幅度提高仲裁员报酬、建立“半职业化”的高素质仲裁员队伍，建立动态的、科学的仲裁员考评机制。这是在不修改仲裁立法的情形下，可能提升我国仲裁公信力的有效途径和方法。

关键词　仲裁　公信力　竞争

2014 年 10 月，党的十八届四中全会通过决议，提出了“完善仲裁制度、提高仲裁公信力”的要求。这既是对我国仲裁事业现存问题的准确描述，也提出了未来仲裁发展的目标和方向。为此，仲裁法学界和实务界围绕仲裁公信力建设展开了多次热烈讨论。2018

* 法学博士，华东政法大学国际法学院教授、博士研究生导师。主要研究领域：国际私法、国际商事仲裁法学。

年的上海仲裁周论坛更是将公信力建设作为贯穿所有活动的主题。[①] 围绕如何提升仲裁公信力,众说纷纭,关注的重点各不相同。解决这个问题,要从如何看待当前中国仲裁事业的发展现状入手,准确把握当前存在的核心问题和缺陷,从切实可行的方面改革,从根本上解决。

一、中国仲裁事业的迅猛发展与尴尬现实

毫无疑问,20多年来,中国仲裁事业有了巨大发展。据统计,截至2017年年底,我国仲裁机构已经超过了250家。年受理案件数量超过20万件。[②] 在1995年《仲裁法》实施后,仅仅经过20年的发展就达到这样的状况,成绩当然是巨大的。这个成绩的取得反映出以下几个客观事实:一是政府在推动仲裁事业发展过程中功不可没;二是仲裁作为一种商业纠纷处理方式,已经得到了企业和个人的普遍认可。

(一)政府在推动仲裁事业发展方面功不可没

我国仲裁事业的迅猛发展离不开政府的强力支持和推动。这表现为组织建设、财政支持和宣传推介三个方面。

依据我国《仲裁法》的规定,仲裁委员会由设区的市级人民政府组织有关部门和商会统一组建。[③] 众所周知,商会在我国作为一个企业协会并无充裕资金支持,也缺乏对企业的号召力。因此,现

---

① 参见《2018上海国际仲裁周高峰论坛"引爆"仲裁公信力建设评估话题》,载法制网:http://www.legaldaily.com.cn/Arbitration/content/2018-03/21/content_7501965.htm,最后访问日期:2018年8月17日。

② 参见《〈中国国际商事仲裁年度报告(2016)〉发布》,载中国国际经济贸易仲裁委员会官网:http://www.ccpit.org/Contents/Channel_4131/2017/0928/885598/content_885598.htm,最后访问日期:2018年8月20日。

③ 我国《仲裁法》第10条规定:"仲裁委员会可以在直辖市和省、自治区人民政府所在地的市设立,也可以根据需要在其他设区的市设立,不按行政区划层层设立。仲裁委员会由前款规定的市的人民政府组织有关部门和商会统一组建。"

有各仲裁机构几乎都是在当地政府的组织下建立起来的。特别是在成立之处，仲裁机构的办公用地和其他基础设施、办公设备和车辆、人员工资等都是通过政府财政预算拨款的方式直接投入。这对于仲裁机构的成立和运转起到了有力保障作用。指望仲裁机构在成立之初通过收费解决经费开支问题几乎是不可能的。也正是基于这个原因，我国才能够在《仲裁法》颁布后不到 5 年，就成立近 200 家仲裁机构。[①] 这在完全市场化运作条件下是不可能实现的，超出了想象。

在组织建设方面，各地政府在仲裁机构成立之时均将其定位在了副市级或正局级，领导高配。组建后的仲裁委员会属于事业单位性质，实行收支两条线。[②] 这使仲裁机构快速吸纳人才，稳定工作人员工作信心。一个集中的表现为，多年来，各地仲裁机构不断有法院精英加入，或者秘书工作人员提拔晋升到别的工作单位。在个别地方，在仲裁机构工作的人员相比于在公检法司单位工作的干部，似乎更能得到锻炼和晋升。

在政府财政投入的情况下，仲裁收费并不比诉讼高太多，而且一审终局。“收费低廉、高效快捷”成为仲裁吸引商业组织选择作为争议解决方式的初始动因。同时，政府基于化解社会矛盾、维护社会稳定的需要，也会在各种场合帮助宣传和推介仲裁。在许多地方，仲裁机构的早期领导人多为退居二线的前任市领导或司法

① 在 1999 年，中国内地与香港特别行政区签署《相互执行仲裁裁决的安排》时，文件后列明了内地 175 家仲裁机构。

② 参见国务院办公厅《关于印发〈重新组建仲裁机构方案〉、〈仲裁委员会登记暂行办法〉、〈仲裁委员会仲裁收费办法〉的通知》（国办发〔1995〕44 号）。在《重新组建仲裁机构方案》“四、关于仲裁委员会的编制、经费和用房”中明文规定：“仲裁委员会设立初期，其所在地的市人民政府应当参照有关事业单位的规定，解决仲裁委员会的人员编制、经费、用房等。仲裁委员会应当逐步做到自收自支”。

机构领导之一。他们会或多或少地运用以前人脉和资源为仲裁机构打开局面、快速占领争议解决市场做出不可忽视的贡献。

（二）仲裁作为商业纠纷处理的一种方式已经得到普遍认可

对于这种形势的判断，或许有不同意见和看法，认为仲裁还存在各种各样的问题和质量缺陷。然而，不可否认的是，国内企业不再怀疑仲裁作为争议解决方式的作用，也不会一律排斥选择仲裁方式解决争议。这正是仲裁得到普遍认可的强有力证明。

从前述统计数据可以看出，仲裁每年的受案数量都是呈显形上升趋势。到目前为止，每年20万件以上的商业纠纷通过仲裁方式解决，已经极大地缓解了人民法院诉讼压力。所谓“已经得到普遍认可”并非是指企业“首选”仲裁方式，也不意味着多数商业纠纷通过仲裁方式解决，而是指大多数企业和从事经济活动的个人接受了仲裁方式、不排斥仲裁方式作为解决经济纠纷的手段。

在企业或个人在签订合同时，含有争议解决方式选择条款的合同比比皆是。试想一下，如果仲裁不被接受和认可，合同中是不需要这类条款的。这是仲裁在国内被普遍接受的又一有力证明。当然，基于各种原因，合同当事人并不一定在所有合同中都选择仲裁作为争议解决方式。这不仅涉及法律规定可仲裁的事项范围，更与当事人在各种具体交易中的商业考量有关。①

仲裁作为争议解决方式之一，在我国能够得到迅速推广和接受也与律师和企业法务人员的推介和接受直接关联。从某种意义上说，律师是仲裁能够被企业接受的直接推手。这是因为，在早期企业还没有普遍没有设立专职法务人员时，企业的重大商业合同

---

① 还有一些商业交易因为纠纷可能不属于可仲裁的范围而不选择仲裁，或者是否能够仲裁取决于具体的争议内容。例如，企业与政府的招商引资协议、PPP合同争议等。

都是经由外部常年法律顾问参与谈判、起草和审核的。常年法律顾问主要由富有商业法律经验的律师担任。律师界对于仲裁方式的推崇和接受使仲裁条款能够写入合同。后来的专职法务人员队伍也承袭了这一取向。各地商会在宣传和推介仲裁方式的过程中，真正发挥作用的反而不多。这也是中国国情所致。

（三）尴尬的现实——仲裁选择的盲目与无奈

虽然我国仲裁事业取得了巨大发展，但一个不可忽视的现象却是，在商业合同谈判中，双方当事人在选择具体仲裁机构时并不一定对某个仲裁机构有明显充分的信心。对于仲裁的倾向更多地源于排斥诉讼方式，而非对于具体仲裁机构的偏好。无论是二、三线城市的仲裁机构，还是特别发达的一线城市的仲裁机构，都尚未达到让企业当事人普遍认可的程度。只能说，相对而言，通过排除方法，合同最后还是明确选择了一个仲裁机构。如果是涉外合同，国外一方当事人很少同意选择我国仲裁机构。这正是我国仲裁事业发展的尴尬现实，是我国仲裁各种问题的集中反映。

首先，到目前为止，国内当事人对于仲裁方式的选择主要还是基于排斥诉讼方式。诉讼的两审终审制、诉讼结果的不可预见性、对诉讼公正性的怀疑等是主要原因。当事人并无对仲裁机构的特别认可，对仲裁机构的认识和了解程度不高，没有进行特别的比较和分析。

其次，国内仲裁机构之间并无明显差异，缺乏可比较性。由于国内仲裁机构性质、组织机构和日常运转模式大体相同；仲裁规则也大同小异；各仲裁机构的仲裁员队伍的来源渠道也差不多，主要为律师和大学教师。特别是许多一线城市的仲裁机构，其仲裁员队伍高度交叉重叠，很难判断哪个机构的裁判水平更高。

最后，国内仲裁机构尚未获得一定的国际认可度。除了老牌的中国国际经济贸易仲裁委员会有些许国际认可度外，其他在《仲裁法》实施后成立的仲裁机构几乎无国际认可度可言。这并非意味着仲裁水平完全达不到国际认可层度，而是国际合同的当事人很少给国内仲裁机构尝试体现水平的机会。基于各种顾虑，国外一方当事人很少会同意选择国内仲裁机构。其中最突出的顾虑当属国内仲裁机构隶属于当地政府，认为缺乏独立性保障。

二、仲裁机构与仲裁员公信力建设的现状

前面谈到我国仲裁的尴尬现状其实就是我国仲裁业公信力的现状。从宏观层面看，仲裁在我国经济活动主体中有一定的认可度，但还谈不上有充分的公信力。从某种意义上说，只是一种勉强可以接受的争议解决方式，未必是争议解决的首选方式。2017 年全国法院受理一审商业纠纷案件 1643.8 万件，同比上升 53.9%。[①] 仲裁案件的受理数量不到法院受案量的 5%，上升幅度也远远低于法院。虽然，这种数据差异的存在有各种原因，但也反映出仲裁的受欢迎程度还不够，公信力还有很大的提升空间。一个普遍的认知是，在发达国家，通过仲裁方式处理的商业纠纷往往超过了通过诉讼方式处理的商业纠纷数量。从这个角度看，我国仲裁还远远谈不上具备公信力。这与其应当发挥的作用不相匹配。

（一）仲裁机构公信力建设的"懒政"

仲裁机构应在公信力建设方面发挥主体作用。这是由我国只有机构仲裁、没有临时仲裁的现实决定的。遗憾的是，多数机构在

① 参见最高人民法院院长周强在 2018 年第十三届全国人民代表大会第一次会议上所作的《最高人民法院工作报告》，载中华人民共和国最高人民法院网：http://www.court.gov.cn/zixun-xiangqing-87832.html，最后访问日期：2018 年 8 月 20 日。

公信力建设方面缺乏主动改革的勇气、缺乏抓“内涵建设”的动力，[1]或多或少的有“懒政”嫌疑。

1. 仲裁机构普遍缺乏抓“内涵建设”的内在动力

总体来说，多数仲裁机构都有积极开拓仲裁市场，扩大影响力的积极性。不过，这种积极性更多地表现为“外在”特征。例如，通过修订仲裁规则，紧跟国际仲裁规则的变化吸引眼球，扩大宣传影响；[2]紧盯新兴行业和产业的纠纷解决，抓网络在线仲裁，填补网上商事争议解决真空；不顾本地条件，纷纷上马金融仲裁中心建设等。

这好比一个生产型企业，只重视对客户的宣传和销售业绩，不重视企业产品的研发、质量等内在因素。一个好的企业没有过得硬的产品，光靠吆喝可以短时间内风光一段时间，但从长期看，是会失去市场的。仲裁业的发展也一样。实际上，仲裁本身就是法律服务业的一种，需要为社会提供仲裁服务。仲裁服务就是仲裁机构的产品。[3] 没有能够让客户满意的产品，无论如何吆喝，也无法长期吸引和留住客户。这个道理说起来通俗易懂，但多数仲裁机构却未必重视。究其原因，根本在于缺乏内在动力。

在政府财政全额拨款、机构工作人员享受同级行政干部待遇、收支两条线、仲裁员报酬过低的背景下，仲裁机构缺乏内在动力改革自身不足之处。这种不足主要表现为以下几个方面：秘书管理与考核的行政化，为仲裁庭服务的简单化，仲裁员聘任、管理与考

① 参见《中国仲裁要走内涵式发展道路》，载《人民法院报》2017 年 11 月 7 日，第 4 版。

② 许多仲裁机构频繁修订仲裁规则的原因和动机并不是基于本仲裁机构的需要，而是误以为越接近国外仲裁规则越能带来案源。

③ 参见袁发强主编：《中国商事仲裁机构现状与发展趋势研究》，复旦大学出版社 2011 年版，第 147 ~ 148 页。

核的静态化,等等。归纳起来,就是内部管理的行政机关化。内部管理人员思考的重心是如何内部晋升或获得外放提升机会,秘书关心的是如何获得领导赏识、仲裁员缺乏办理优质案件的积极性。

由于缺乏内在动力,我国仲裁机构的发展简单地与所在城市和地区经济发展状态直接挂钩。一、二、三线城市的仲裁机构之间自然划分出优良等级。然而,二、三线城市的仲裁机构却并没有危机感。因为缺乏竞争和市场退出机制,即使案源不多,机构也仍然活得滋润。所谓"成也萧何、败也萧何",政府的财政和组织支持在"扶上马、送一程"之后,演变成助长仲裁机构惰性的基础。

2. 多数仲裁机构缺乏主动改革的勇气

改革必然会带来阵痛,甚至是自我牺牲。因为改革必然会触及利益格局的变化,特别是个人利益的变化,因此,改革需要勇气。一个明显的例子是,在财政政策对于仲裁机构实行"收支两条线"时,[①]只有北京仲裁委员会毅然选择了"自收自支",将自己定位在不需要财政拨款的事业单位性质。在全国范围内,并无其他仲裁机构有这个勇气。甚至,在北京仲裁委员会已经按照"自收自支"定位运作了多年以后,也无其他仲裁机构跟进。[②]

受制于资金管理制度,仲裁机构在涉及内部工作人员奖惩、进退、待遇等诸多人事和业务管理上必然采取与政府机构相同的措施,在仲裁员待遇上无法放开手脚。许多仲裁机构存在日益严重

① 参见2001年国办发〔2001〕第93号文件《国务院办公厅转发财政部关于深化收支两条线改革进一步加强财政管理意见的通知》。该文件的对象本是行政机关和依照国家公务员制度管理的事业单位。正是由于我国绝大多数仲裁机构被定位成了按照国家公务员制度管理的事业单位,因而被纳入该文范围。

② 北京仲裁委员会早在2002年就实行了"事业单位企业化"管理模式。参见王红松:《坚决贯彻党的十七届二中全会决议精神 尽快解决仲裁收费"收支两条线"问题》,载北京仲裁委员会官网:http://www.bjac.org.cn/news/view.asp? id=1520,最后访问日期:2018年8月15日。

的“机关化”和官僚化趋势。诚然,许多仲裁机构都在抱怨“收支两条线”的适用,[①]但没有几个仲裁机构有勇气像北京仲裁委员会那样自告奋勇地要求改制为“企业化”管理的事业单位。在有关“去行政化”的大讨论中,[②]一些地方的仲裁机构甚至公开表示行政机关化并不必然妨碍仲裁业的发展,强烈要求加入当地公务员序列。[③] 这种违背基本常识的认知无须更多辩论,不过是维护个体利益的借口。

不可否认的是,在《仲裁法》刚刚实施的最初几年,也就是各地仲裁机构刚刚建立、开始运作的几年,许多加入仲裁机构的年轻干部和刚毕业的学生已经意识到仲裁机构将来会走向市场化,也做好了心理准备。20 年过去了,仲裁机构的“机关化”色彩更加浓厚。曾经热血的年轻人已经变成各仲裁机构的中层骨干,但也体会和享受到了机关化待遇的好处,不再有自我牺牲的改革勇气了。

一个可以证明失去自我改革勇气的例子是这三四年来,几乎看不到、也听不到仲裁机构的代表呼吁、要求变革机构自身管理模式的文章和声音。[④]

(二)仲裁员素质与水平的粗放式考核与管理

仲裁员的素质与水平决定仲裁裁判的质量,也决定公众对仲

① 参见王红松:《尽快解决仲裁收费“收支两条线”问题》,载《北京仲裁》2008 年第 4 期。

② 本文中的“机关化”与“行政化”含义大体相同。“去行政化”的提法似乎更敏感、刺激一些。本文改用“去机关化”的表述。

③ 在 2010 年前后,全国曾有关于修改《仲裁法》,将仲裁市场化的讨论。某省片区的多个仲裁机构代表非常担心取消财政经费拨款和行政级别待遇,在不同会议场合多次表达了文中观点和看法。结果是到今天,也未看到该地区仲裁机构有何显著成绩和认可度。

④ 从文献搜索情况看,2015 年在北京仲裁委员会主办的“中国仲裁体制改革暨仲裁法实施 20 周年研讨会”是最近一次呼吁仲裁机构改革的媒体报道。会议上也只有北京仲裁委员会自身在继续呐喊。参见《仲裁机构独立是立法本意改革方向》,载《法制日报》2015 年 9 月 23 日。另见人民网:http://legal.people.com.cn/n/2015/0924/c188502-27626837.html,最后访问日期:2018 年 8 月 12 日。

裁的认可度。因此，仲裁员队伍建设是提升仲裁公信力的核心。然而，在如何加强管理和提高仲裁员水平方面，许多仲裁机构缺乏清晰的认知和具体、合适的制度，也不知道采取何种措施。

1. 静态考察中的粗线条

所谓静态管理，是指对于仲裁员进入名册简单地以资格硬件审查代替素质和水平考察，且在仲裁员聘期内无科学的动态考核机制，缺乏激励仲裁员提升裁判能力的配套举措。除非发生重大的裁判事故，几乎不会发生解聘现象。这样当然不利于仲裁员队伍的公信力提升。

从表面上看，我国立法对仲裁员水平的要求是最高的。我国《仲裁法》要求仲裁员应当是从事律师工作、法官工作或者相关法律工作 8 年以上的人。这在其他国家有关仲裁员资格立法中是罕见的。似乎我国的仲裁员水平应该最高，但事实显然并非如此。产生这个问题的原因在于国内仲裁机构普遍只重视仲裁员的资格“硬件”，忽视了对仲裁员素质“软件”的考察。[①] 结果导致仲裁员素质与水平的偏离。

这里讲的“水平”并非仲裁裁决水平，而是一般业务水平。所谓仲裁员的素质主要表现为对于商业法律和商业交易的熟悉程度，以及运用相关商业法律处理纠纷的运用能力这样两个方面。基于这个认识，并非所有的法学教授都能被称为“专家”，也并非从事了多年实务就是当然的“专家”。[②]

实践中，对仲裁员资格的取得，仲裁机构一般只注意到几个

---

① 参见宋连斌：《中国仲裁员制度改革初探》，载北京仲裁委员会官网：http://www.bjac.org.cn/news/view? id=771，最后访问日期：2018 年 8 月 15 日。

② 国内普遍存在将“学者”和“专家”混同的认知。

"硬件"。一是从事法律服务的能力硬件。一般来说,具有高等法律专业学历就几乎满足了这一要求。例如,法学博士,也不问具体专业、是否了解商业或经济。二是用职位、职称、履历证书代替实际了解和审核。例如,法院的庭长、法制办的处长、某某局的处长、律师事务所的合伙人律师等。用很漂亮的简历替代资格考察是一种普遍的现象。须知用资格证书、职业职称头衔等代替业务素质考察是不可能建立高素质的仲裁员队伍的。

2. 动态管理措施的缺失

目前,多数仲裁机构缺乏对仲裁员业务能力的动态考核机制。[①] 一旦仲裁员被聘任后,仲裁机构并无多少具体配套措施跟踪办案效果和能力评估。仲裁机构对仲裁员业务能力的考察仅仅停留在以下几个方面:

一是裁判文书的审核。在裁判文书的审核环节,对仲裁员业务能力的考核只是附带的。因为这只能反映首席仲裁员的文笔,无法体现仲裁庭全体成员的水平。何况,在裁判文书的审核过程中,各机构在审核尺度把握上也存在各种各样的问题。因此,通过裁判文书审核只能基本把握具体案件的裁判不出严重事故,并不能解决仲裁员裁判素养的问题。

二是机构工作人员对仲裁员的印象,或许也可以叫作仲裁员在机构内部的口碑。这种印象在实践中能发挥一定作用,不过显然不科学,甚至会出现错误。与仲裁员接触最多的当然是案件承办秘书。秘书对仲裁员的印象可能会大相径庭,受情感判断的成分居多。

① 参见刘茂亮:《论我国仲裁员选聘的几个问题》,对外经济贸易大学 2003 年硕士学位论文,第 31 页;崔之夫:《加强对仲裁员履职行为的监督》,载《厦门仲裁通讯》2002 年第 2 期。

三是仲裁裁决是否被撤销裁决。毫无疑问，这是最容易看出仲裁员裁判水平的途径。排除极端的、被错误撤销的情形，既然一个案件裁决意见被法院撤销了，自然是发生了质量问题。不过，由于被撤销的案件毕竟只占极少数，许多案件甚至并没有走到法院这一步，因此，通过这种途径无法对全体仲裁员的水平作出评估。

四是是否存在多次被投诉的现象。这应该作为仲裁机构的常态化评估机制。不过，被投诉的原因可能多种多样。能够通过投诉看出仲裁员裁判水平的情形也不多。

应该说上述四个方面对于仲裁员质量监督管理有一定的作用，但因为科学性严重不足，难以准确把握仲裁员的水平，因而这些绝不应该是主要的动态考察措施。遗憾的是，除上述这些可以看得见的方面外，许多仲裁机构并无其他有效管理制度出台。

需要说明的是，许多仲裁员在报酬低的情况下，基于对仲裁事业的热爱和自身荣誉和名誉的爱惜而洁身自好，难能可贵地抵制住了各种不正当的当事人要求。不过，这只是道德规范和职业规范层面的自我约束，并不能解决仲裁水平和素养的问题。公信力不完全取决于道德和规范层面，还表现为裁判的水平和结果为当事人和商业社会接受的程度。就后者而言，仲裁员队伍的状况并不乐观。

（三）外在的竞争形势与微妙的内在驱动

虽然存在“懒政”现象，在当前形势下，也并非所有的仲裁机构完全没有提升仲裁公信力的动因。我国仲裁机构在发展层次上可以划分为几个梯队。第一梯队大概为受案量、争议标的总额和收费收入排名前十的仲裁机构，一般位于北上广深等一线城市；[①]第二梯队为

① 武汉仲裁委员会是一个特例。虽然处于内地省会城市，但每年受案量、标的额等指标长期居于前列，令人注目。

其他不在第一梯队的省会城市所在地的仲裁机构，有 20～30 家；第三梯队则为非省会城市的内地仲裁机构。处于第一梯队的仲裁机构还是有一定的积极性，试图继续发展壮大该仲裁机构，获得更多社会认同的。基于各种内外因素的考量，这些仲裁机构有一定的内在驱动力。

一个明显的外在动因是排名竞争力。在已经取得好名次的形势下，排名靠前的仲裁机构面临后面的赶超压力。这种动因虽然并不明显，也不一定是主要动因，但能够在心理因素方面发挥一定作用。在"政绩""业绩"压力下，也不排除有的仲裁机构能够敢为天下先，勇敢迈出实质性步伐，大刀阔斧地改革现行内部管理体制、明显提升公信力。

另一个外在因素则表现为司法对国外仲裁、临时仲裁有限进入国内市场的容忍。[①] 这对于北上广深的仲裁机构是一个不大不小的刺激和压力。以上海为例，近年来，新加坡国际仲裁中心、国际商会仲裁院、中国香港国际仲裁中心纷纷在上海设立了办事处；[②]中国国际经济贸易仲裁委员会也设立了自己的上海分会。中国海事仲裁委员会在上海的分会受案量早已超过北京总部；最高人民法院和上海市也有意将上海建设成为"国际仲裁中心"。[③] 为

---

① 2017 年 1 月 9 日，最高人民法院发布的《关于为自由贸易试验区建设提供司法保障的意见》支持在自贸区注册的企业之间选择临时仲裁。同时，对于国内企业选择在国外仲裁，司法解释对于"涉外因素"做了宽泛解释。

② 2015 年 11 月 19 日，中国香港国际仲裁中心上海代表处入驻上海自贸区；在沪举行 2016 年 3 月 2 日，新加坡国际仲裁中心（Singapore International Arbitration Centre，SIAC）上海代表处成立；2016 年 6 月，国际商会国际仲裁院（ICC）在上海自贸区揭牌运营。

③ 2015 年，国务院发布《关于印发进一步深化中国（上海）自由贸易试验区改革开放方案的通知》，明确要求上海加快打造面向全球的亚太仲裁中心；2016 年上海市政府发布《"十三五"时期上海国际贸易中心建设规划》，重点提出要建设亚太国际仲裁中心；2017 年上海市发布《上海服务国家"一带一路"建设发挥桥头堡作用行动方案》，进一步明确提出要建设"一带一路"国际仲裁中心。参见《上海倾力打造亚太国际仲裁中心　服务"一带一路"建设》，载东方网：http://news.eastday.com/eastday/13news/auto/news/china/20180321/u7ai7540281.html，最后访问日期：2018 年 8 月 19 日。

此，在对待自贸区仲裁规则以及对待境内自贸区企业选择海外仲裁机构和临时仲裁的问题上，都表现出了支持仲裁的宽容态度。这无疑给本地的仲裁机构带来竞争压力。这种竞争压力会促使境内仲裁机构重视和加强内涵建设，提高竞争力。相应地，公信力也会得到提高。

当然，在外因压力下产生提升公信力的需求只是一个方面。我国条件成熟的仲裁机构也有一种微妙的内在动因驱使个别仲裁机构思考尝试下真功夫改革自身，在公信力建设方面真抓实干。这种内在动因表现为，该仲裁机构的基础设施建设已经完成或基本完成，财政支持与收入分配管制之间出现矛盾；现行收入分配体制和晋升前景、通道等束缚了内部工作人员的工作积极性；内部管理方式难以吸引高素质仲裁员真正投入精力到案件中；秘书队伍不稳定，无法有效提供高层次的庭审服务工作等。当这些因素集合起来时，仲裁机构内部也会产生一定的改革动力。

事实上，我国《仲裁法》制定之初，规定仲裁机构由当地政府与商会共同组建的原因在于我国的商业协会无法单独承担起建立仲裁机构的重任。虽然立法条文没有规定政府财政支持何时退出，但也没有规定要永远负担。之所以只规定政府参与“组建”，自然是“扶上马，送一程”的意思。2000 年以后，财政政策的变化、事业单位改革等各种原因导致现在各地政府对仲裁机构的管理模式已经超出了原先立法的意图。

不过，这种内在动因比较微妙。一些仲裁机构既有改革的需求，也有保住既有利益和待遇的现实想法。同时，还有不敢触及核心变革、怕带来责难的担心。因此，内在动力是不足的，总是寄希望于“倒逼改革”的模式，[1]减小自身压力。

三、提升仲裁公信力的几点思考

总体来说，要提升仲裁的公信力，就必须对现有仲裁机构的管理体制和运行模式进行改革。用变革后的制度保障实现公信力的提升。在公信力建设方面，要避免两种极端的想法和倾向。一是消极等待我国《仲裁法》的修改，以各种借口掩饰不作为；二是脱离实际地一味模仿国外仲裁规则和管理模式。在目前形势下，可以在以下方面尝试努力：

（一）引入竞争机制的法外举措

虽然党的十八届四中全会决议明确提出了“完善仲裁制度、提高仲裁公信力”，但我国《仲裁法》的修改却并没有被列入人大的立法规划之中。[2] 因此，等待立法修改只是一种消极的不作为态度。事实上，在不改变立法的前提基础之上，仍然存有改革和提升公信力的活动空间。各仲裁机构应当积极思考和采取在不修改立法的前提下的可能举措。这是目前仲裁机构提升公信力、完善仲裁制度的主要着力点和应有之举。

为了克服前述仲裁机构现状中存在的弊端，促使仲裁机构着力开展公信力建设，就必须引入竞争机制。[3] 这包括外部竞争和内部竞争两个方面。所谓外部竞争，是允许和鼓励仲裁机构之间合并和兼并，鼓励做大做强，摆脱属地性色彩。[4] 所谓内部竞争，就是

---

① “倒逼改革”是一个时髦的词汇和提法。在很多情况下，“倒逼”一词的使用已经超出了原意，甚至是在掩饰不愿意主动改革的现象。很少有人注意到的“倒逼改革”所带来的巨大成本和难以承受的社会后果。

② 据报道，我国《仲裁法》修改刚刚被列为第十三届人大立法规划。预计未来三五年可能会启动。

③ 笔者早在多年以前即呼吁在仲裁机构中引入竞争机制，优胜劣汰。参见袁发强主编：《中国商事仲裁机构现状与发展趋势研究》，复旦大学出版社 2011 年版，第 144 ~ 150 页。

④ 参见张春良：《国际商事仲裁的身份、去身份化及其属地性》，载《仲裁研究》2013 年第 1 期。

打破内部机关化管理现状，废除行政级别管理，实现真正的“仲裁委员会管理模式”。有了竞争，仲裁机构自然会抓公信力建设，争取获得更广的社会认同，提高仲裁服务质量和水平。

从《仲裁法》立法规定看，只谈了当地政府参与组建，并没有禁止仲裁机构之间合并和兼并。因此，仲裁机构的合并和兼并没有法律障碍。我国是否真的需要200多家仲裁机构？答案不是肯定的。这并非说各地政府不应该积极组建仲裁机构，而是所谓“此一时，彼一时”。在“送一程”之后，应该放手让仲裁机构走向市场。

从内部改革完善层面看，不修改立法仍然可以改变现有仲裁机构管理模式。我国《仲裁法》本身并没有规定仲裁机构的法律性质。实际上，政府对仲裁机构的性质定位也是在实践中逐步摸索出来的，并没有上位法的明确界定。所谓“事业单位企业化管理”模式本是在当时条件下的无奈之举。从比较的角度看，企业化管理的仲裁机构当然比行政化管理有市场优势。不过，这只是相对而言。企业化管理模式的弊端是有可能追求高额服务收费以及收入的高额分配。作为一个提供公共服务产品的单位，这当然不应当成为仲裁机构的目标，相反，恰当反映仲裁价值的收费和分配、避免入不敷出才是合适的。

当然，无论采取哪种模式，都不影响党发挥领导作用，不存在脱离党的领导的问题。无论是行政机关、事业单位，还是企业，党组织都在发挥领导作用。这是毫无疑问的。因此，对于仲裁机构引入竞争机制、实行管理模式改革不必担心脱离党的领导。

2017年年底，深圳市走出了勇敢的一步。在深圳市市委、市政府的领导和大力支持下，原深圳仲裁委员会与华南国际经济贸易委员会合并成立了“深圳国际仲裁院”。新成立的深圳国际仲裁院实行理事会管理模式，取消人员编制，财务则采取企业化收入分配制度。[①] 这种合并反映出地方政府在推动仲裁发展方面可以有更进一步的空间和方向，也为全国其他省市仲裁机构未来发展提供了可探索的方向。

事实上，许多内地省份的非省会城市所在地的仲裁机构案件量并不饱和，[②]在本地区之外基本谈不上社会认可度。除非双方当事人均位于本地，一般很少选择在这样的仲裁机构仲裁。如果省会所在地的仲裁机构能够提高服务能力和质量，逐步兼并非省会城市的仲裁机构是完全可能的。

（二）建立半职业化的仲裁员队伍[③]

目前，仲裁员的来源主要是律师、学者、退休法官和企业法务。除已经退休的外，几乎都是兼职，当然在资历上都有一定专业服务年限和水平。问题是，无论从主观还是客观两个方面，距离高素质仲裁员队伍还有相当差距。所谓“客观方面”，是指仲裁员不可能在获聘之前就已经具备高水平的裁判能力，只能说具备可能性；所谓“主观方面”，是指仲裁员在主观上是否愿意花精力和时间提升自己，成为一个优秀的仲裁员。

企业之所以选择仲裁并不仅仅是因为仲裁具有“高效、保密”

① 参见《深圳两家仲裁机构合并的台前幕后》，载法制网：http://www.legaldaily.com.cn/Arbitration/content/2018-01/15/content_7448157.htm，最后访问日期：2018年8月10日。另见深圳市机构编制委员会〔2017〕78号文《深圳市机构编制委员会关于优化资源配置整合设立仲裁机构的通知》，载无锡市法制办官网：http://fzb.wuxi.gov.cn/doc/2017/12/27/1699936.shtml，最后访问日期：2018年8月10日。

② 即使在突破20万件大关的2016年，全国251家仲裁机构平均受案量也只有800多件。近半数的仲裁机构世纪受案量不足300件。参见钱颜：《企业对仲裁既爱又怕，50多家仲裁机构年受案量不足50件——我国仲裁公信力亟待提升》，载《中国贸易报》2018年3月22日，第6版。

③ 很多文章都谈到要加强仲裁员队伍建设，如提高裁判水平和质量，但强调很少有人意识到稳定仲裁员队伍的重要性。实际上，伦敦仲裁在国际上的声誉恰恰是靠少数仲裁员长期从事裁判得以保障的。

等所谓外在优势，还在于仲裁更接近企业所需要的商业价值追求。仲裁员应当是具有商业裁判理念和熟悉商业交易、商业法律的专家。从这个条件看，法学教授、资深法官、资深律师和企业法务都不可能是当然合格的仲裁员，还需要在仲裁实践中培养仲裁理念和提升裁判素养，才能真正成为仲裁的“专家”。相应地，仲裁机构应当承担起培养的责任。

这种培养责任并非简单地组织学习和培训。知识的学习或者能力的培训可以通过自我完善实现，但理念和素养的形成却需要仲裁机构引导和促进。从目前情况看，仲裁机构很少在这方面下功夫，一些仲裁员自身也并不了解，甚至自以为本身具备这样的素养。

当前，建立半职业化的仲裁员队伍显得尤为重要。所谓“半职业化”，是指通过提高仲裁员报酬，让仲裁员从办理案件的报酬和数量中获得被认同感和职业荣誉感，促使其加强提高自身素养和水平的积极性。[①] 仲裁员队伍中的多数都是兼职办案，其中只有极少数会把工作的重心放在办理案件上。许多仲裁员在乎获得某某仲裁机构仲裁员的称呼，却很少关心仲裁机构建设，更不会关心提高自身裁判能力。这其中一个重要的客观因素就是仲裁报酬过低，使仲裁员对于仲裁机构缺乏归属感和认同感。

仲裁员队伍完全的专职化既不必要，也不可能。这是因为，仲裁作为争议解决方式的存在本来就是当事人在司法诉讼方式外的选择。如果全职化了，仲裁机构就成为第二法院了。这不是当事人愿意看到的结果。

建立“半职业化”的仲裁员队伍还需要仲裁机构果断淘汰掉不

① 参见唐云峰：《论仲裁员报酬》，载《商事仲裁》2006 年第 00 期。

合格或者质量不高的仲裁员。在各地仲裁机构成立之初,许多仲裁机构出于扩大案源的考虑,在不加详查的情况下,将一些大企业的法务经理、律师事务所从事商业纠纷处理和非诉讼的律师发展为仲裁员。这种做法本身在阶段性发展上有一定的积极意义。不过,随着仲裁争议解决方式已经深入人心,这种做法已经不必要,而且副作用正在日益显现。例如,部分人员缺乏独立性思维,有的利用仲裁员身份和机会对仲裁庭施加影响,甚至隐瞒利益冲突情形私下交易等。当然,需要被淘汰出局的还可能是不具有驾驭庭审能力的学者、不具备商业思维的退休法官等。总之,提高仲裁员收入、增加业务能力高的仲裁员办案数量两者有机结合起来,是可以建立起半职业化的仲裁员队伍的。

之所以需要建立半职业化的仲裁员队伍,是为了获得裁判质量的稳定提高,也是为了使当事人对于仲裁裁决有一定可预见性。有了可预见性,才会有公信力。如果一个案件,无论仲裁员多么廉洁为公,裁判结果都是不可预测的,那么这样的仲裁机构就不可能获得当事人的认同,也就不具备公信力。

(三)建立科学的、动态的考评机制

仲裁机构应当对仲裁员队伍建立科学的、动态的考评机制。[①]所谓"科学的",是指排除机构领导对仲裁员接触中的主观印象,通过合理的途径和方法获得对仲裁员能力和水平的客观数据;所谓"动态的",是指通过办案过程考核,而不是定期的结果考核。

1. 首席仲裁员与边裁的互评机制

这种互评不是对主观印象的评价,也不是对业务水平的评价,而是促进增强责任心,提高裁判质量的需要。

① 参见潘俊星:《论仲裁员的履职考评》,载《西安政治学院学报》2003年第3期。

实践中常常出现这样的现象：个别边裁不负责任，对案件审理也不上心，只对选择自己的一方当事人的利益关心。或者在仲裁庭合议选择开庭时间时，总是有各种本职工作的理由导致增加确定开庭时间的难度；或者在开庭前不准备，不看材料，庭审中一言不发，合议时不发表个人裁判意见；或者只给裁判观点，不讲理由；或者不顾庭审情况，直接偏袒一方，导致两位边裁之间紧张对立等。最终结果是首席仲裁员的压力和工作量倍增，还有苦难言。

实践中，还会出现另一种发生在首席仲裁员身上的现象：不尊重边裁在庭审中的角色，不给边裁发言机会，自己独断专行，对边裁的裁判意见置之不理。

因此，仲裁机构有必要在每个案件的办理过程中向仲裁庭发放问卷，询问仲裁庭组成人员对其他仲裁员在办案过程中是否存在上述现象作出回答。问卷应当在合议结束时收回。当然，对于这个问卷应当是保密的。

2. 办案秘书对仲裁庭成员的评价机制①

秘书是具体案件程序和事务的办理者，可以从侧面观察和体会到仲裁员在办案过程中的协调和配合程度，工作主动程度。因此，给办案秘书发放问卷，就前述现象是否存在询问秘书可以和仲裁庭的问卷相互核对。虽然单独的秘书问卷不一定能够准确客观地反映问题，但如果与仲裁庭成员的看法相同，那么就有一的可信度。

3. 仲裁机构对裁判文书和合议记录的评价机制

仲裁机构还可以通过对裁判文书和合议记录的查阅对仲裁员

---

① 参见曲扬波：《仲裁庭秘书定位和规范约束的必要性》，载法制网：http://www.legaldaily.com.cn/Arbitration/content/2018-08/21/content_7623832.htm，最后访问日期：2018年8月25日。

进行考核。从考核的角度看，仲裁庭对裁判文书的检查不应针对裁判意见和结果，而是就裁判文书本身质量进行考察。这包括行文规范、事实叙述、说理等是否存在瑕疵等。对于合议记录的查阅，是考核合议庭成员是否积极发言、是否全面阐述自己的裁判意见、合议庭的合作程度等。在此过程中，仲裁机构应当避免对裁判结果和裁判理由提出实质性异议，尊重仲裁庭和首席仲裁员的自由裁量权。因此，作为考核机制，人员应当与平时负责日常裁判文书审核和签发的管理人员分离，以保证客观中立。

4. 当事人对仲裁庭的评价机制

当事人对仲裁庭的评价主要应集中在外观上。例如，仲裁庭成员是否存在偏离中立角色的语言和行为等。这种问卷应当在庭审结束时收回，而不是裁决意见作出之后，避免因问卷对仲裁庭合议和裁判产生压力。其积极意义在于，仲裁机构可以向仲裁庭反馈意见，促使仲裁员改进工作的态度、语言和行为，更加符合职业规范，获得当事人的信任。

综上所述，公信力建设是一个系统工程，涉及多方面的改革和完善，绝不仅仅是办案质量提高这一个方面。我国仲裁机构要具备一定的公信力，就是要能够成为商业纠纷的首选争议解决方式。不仅要在本地具有公信力，还要在异地当事人之间具备公信力。在我国已经深度融入国际经济秩序的当代，还需要具备国际公信力，将我国建设成为国际仲裁中心，才能有效服务于“一带一路”建设。为此，政府应当转变支持仲裁的目标和方向，通过引入竞争机制、鼓励合并兼并，淘汰一些不思进取的仲裁机构；仲裁机构应当积极行动起来，不等待观望，主动改革和完善自身管理和运作模式，建设和稳定一支高素质的仲裁员队伍。

Abstract The insufficient credibility is the main problem in the current arbitration in China. This aspect is due to the lack of motivation for the reform of the arbitration institutions under the financial support of the local government and the protection of the administrative level. On the other hand, it is also due to the lack of competitive pressure. Therefore, in order to improve the credibility of arbitration in China, we should pull-in a competition mechanism to promote the arbitration reform and improvement of its own management mechanism and operation mode, greatly improve the compensation of arbitrators, establish a "semi-professional" team of high-quality arbitrators, and establish a dynamic and scientific Arbitrator evaluation mechanism. This is an effective way and method to improve the credibility of arbitration in China without modifying the arbitration legislation.

Keywords Arbitration Credibility Competition

提升仲裁公信力的道德对策

石先钰*

摘　要　凡是有公共权力运用的地方，都有公信力建设的问题，公共权力包括行政权力、执法权力、司法权力、话语权等，所有具有公共管理、公共服务等职能的部门都应当加强公信力建设，包括政府公信力、媒体公信力、司法公信力、企业公信力、社会公信力等。仲裁机构拥有仲裁权，无疑应当加强仲裁公信力建设，党的十八届四中全会指出："完善仲裁制度，提升仲裁公信力。"仲裁公信力就是让仲裁当事人信任、信服，让社会安定的力量。仲裁公信力提升的路径有多种，从道德对策进行思考，加强仲裁员职业道德建设，提升仲裁公信力，可以采取如下三大对策：构建仲裁员职业道德基本准则体系，强化仲裁员的廉洁自律，加强对仲裁员的多元监督。从而塑造、提升仲裁员的爱国为民情怀。

关键词　仲裁公信力　仲裁员　职业道德　基本准则

引言

公信力，《现代汉语词典》的解释是使公众信任的力量，是指在

* 华中师范大学法学院教授，法学博士。主要研究方向：法律职业伦理学、民事诉讼法学。

社会公共生活中，公共权力面对公众所表现出的一种公平、正义、效率、责任的信任力，是一种社会的系统信任。习近平总书记在中国共产党第十九次全国代表大会上的报告《决胜全面建成小康社会夺取新时代中国特色社会主义伟大胜利》中两次提到公信力建设，[①]一是增强政府公信力和执行力；二是提高新闻舆论传播力、引导力、影响力、公信力。由此引申，凡是有公共权力运用的地方，都有公信力建设的问题，公共权力包括行政权力、执法权力、司法权力，甚至包括话语权等，所有具有公共管理、公共服务等职能的部门都应当加强公信力建设，包括政府公信力、媒体公信力、司法公信力、企业公信力、社会公信力等。仲裁机构拥有仲裁权，无疑应当加强仲裁公信力建设，党的十八届四中全会指出："完善仲裁制度，提升仲裁公信力。"仲裁公信力就是让仲裁当事人信任、信服，让社会安定的力量。

仲裁公信力提升的路径有多种，分类标准不同，思路各异，如政治路径和经济路径，法律路径和道德路径，外部路径和内部路径等。这里就从道德对策进行思考，探讨加强仲裁员职业道德建设，提升仲裁公信力。具体而言，采取如下三大对策：构建仲裁员职业道德基本准则体系，强化仲裁员的廉洁自律，加强对仲裁员的多元监督。

一、构建仲裁员职业道德基本准则体系

在中国共产党十九大报告中，对"道德"和"职业道德"建设尤为重视，习近平总书记在报告中有四个段落涉及"道德"和"职业道德"建设的内容。强调坚持依法治国和以德治国相结合，依法治国

① 习近平：《习近平在中国共产党第十九次全国代表大会上的报告：决胜全面建成小康社会夺取新时代中国特色社会主义伟大胜利》（十九大报告），载《人民日报》2017 年 10 月 28 日。

和依规治党有机统一，深化司法体制改革，提高全民族法治素养和道德素质。要求全体人民在理想信念、价值理念、道德观念上紧紧团结在一起。深入挖掘中华优秀传统文化蕴含的思想观念、人文精神、道德规范，结合时代要求继承创新，让中华文化展现出永久魅力和时代风采。加强思想道德建设，深入实施公民道德建设工程，推进社会公德、职业道德、家庭美德、个人品德建设。可见，加强仲裁员职业道德建设，是贯彻落实十九大提出的职业道德建设任务的重要体现之一。

我国仲裁员职业道德基本准则体系如何构建？我们必须找出它的特色，区别于其他相关职业道德，特别是找准其和法官、检察官职业道德的不同。《中华人民共和国法官职业道德基本准则》（最高人民法院2001年10月18日发布，2010年12月6日修订后重新发布）认为，我国法官职业道德的核心是公正、廉洁、为民。基本要求是忠诚司法事业、保证司法公正、确保司法廉洁、坚持司法为民、维护司法形象。2016年12月最高人民检察院第十二届检察委员会第五十七次会议通过《中华人民共和国检察官职业道德基本准则》，该准则共有5条，第1条为坚持忠诚品格，永葆政治本色；第2条为坚持为民宗旨，保障人民权益；第3条为坚持担当精神，强化法律监督；第4条为坚持公正理念，维护法制统一；第5条为坚持廉洁操守，自觉接受监督。检察官职业道德的基本要求是忠诚、为民、担当、公正、廉洁。我们认为，我国仲裁员职业道德的基本准则应当是，①公正、诚信、独立、文明。

---

① 关于仲裁员职业道德基本准则体系的构建，石先钰在2018年上海国际仲裁周高峰论坛武仲分论坛上进行了演讲。参见张维：《提高仲裁公信力仲裁员要专业化国际化职业化》，载《法制日报》2018年3月18日。

（一）仲裁员职业道德基本准则之一：公正

党的十九大报告以及十八届四中全通过的《中共中央关于全面推进依法治国若干重大问题的决定》强调，努力让人民群众在每一个司法案件中感受到公平正义。仲裁公正是指仲裁构成之公正，即仲裁过程的公正及仲裁结果的公正两方面的有机结合，也就是程序公正和实体公正的结合。仲裁过程的公正即指仲裁程序的公正或正当，仲裁结果的公正也就是裁决公正、实体公正。

之所以把仲裁公正作为仲裁员职业道德的首要准则，是因为仲裁公正具有多方面的重要作用。

第一，仲裁公正对实体法律正义性的保障作用。我国社会主义市场经济法律体系已经建立起来，这些法律都是由全国人民代表大会及其常务委员会经过严格的立法程序制定的，它们体现和反映了全国人民的意志和要求，是公正和正义的集中体现。那么，如何把这些法律中的正义、公正、对市场各主体合法利益的保护落到实处呢？仲裁是其中重要的一种途径。仲裁是实现实体法正义的重要形式，公正的仲裁，才能忠实地完整地体现实体法的正义性，反之，如果歪曲实体法的内涵和精神，则正是仲裁不公的表现。所以，只有仲裁公正，才能不折不扣地实现我国法律中体现的全体人民的意志，保护主体的合法权益和全体人民的根本利益，因此，仲裁公正是实现实体法正义性的本质要求，公正的仲裁保障实体法律正义性的落实。

第二，仲裁公正对仲裁员形象的提升作用。所谓仲裁员形象是指仲裁员在社会公众心目中的印象、感受、评价和地位，是仲裁员在长期仲裁实践中形成的，包括仲裁理想与目标、价值追求、意志品质、行动准则、仲裁效果、仲裁智慧、仲裁水平、仲裁公信，以及仲裁员为追求仲裁公正而长期形成的健康向上群体意识等因素的综合体现。其中,仲裁公正是树立、提升仲裁员形象的关键,仲裁公正的最大受益者是人民群众,仲裁不公的最大受害者也是人民群众,老百姓心中都有一杆秤,公正的仲裁会逐步提升仲裁员的形象;反之,仲裁不公则会损害仲裁员的形象。我们的仲裁员都应该以人民群众的根本利益为出发点,仲裁为民。

第三,仲裁公正对市场经济秩序的维系作用。仲裁属于法律的范畴,是上层建筑的重要组成部分,是由经济基础决定的。马克思曾明确指出:"社会不是以法律为基础的。""相反的,法律应该以社会为基础。法律应该是社会共同的,由一定物质生产方式所产生的利益和需要的表现……"[①]同时,上层建筑对经济基础又有反作用。"政治、法律、哲学、宗教、文学、艺术等的发展是以经济发展为基础的。但是,它们又都互相影响并对经济基础产生影响。并不只是经济状况才是原因,才是积极的,而其余的一切都不过是消极的结果。"[②]把马克思主义关于经济基础与上层建筑相互关系的原理应用到仲裁工作上来,仲裁工作作为上层建筑的重要组成部分,一方面,它必须反映当代中国经济改革的实际和成果;另一方面,通过仲裁工作,又可以促进市场经济各项法律的贯彻落实,从而维系社会主义市场经济新秩序,并促进其健康发展。

我国形成了以宪法为核心和基础的,包括一系列国家机构的、民商的、刑事的、仲裁程序的、经济的、行政的重要法律在内的社会主义法律体系,这些法律构成了我国市场经济的骨架。但是,徒法不能自行,法律的生命在于它的实行,仲裁是法的实施的一种重要

① 《马克思恩格斯全集》(第6卷),人民出版社1961年版,第292页。
② 《马克思恩格斯选集》(第4卷),人民出版社1972年版,第506页。

方式。通过仲裁工作落实市场经济法律,带动全社会自觉遵守法律,从而把各个市场主体的行为纳入社会主义市场经济法制的轨道。公正的仲裁增强了它自身的吸引力,大量的民事、经济案件的解决,使我国社会主义市场经济法律的触角深入民事行为、经济行为的方方面面,使市场经济法律落到实处,从而保障、促进市场经济新秩序的建立、完善和发展;反之,如果仲裁不公,则会阻碍甚至破坏社会主义市场经济秩序。

第四,仲裁公正对社会风气的引导作用。社会风气,是对在一定时期和一定范围内,大量社会成员的相近或相同的思想意识、价值判断、行为意向、行为方式等的一种总称,或者说是社会成员的共同的行为模式。[①] 社会风气的好转需要全社会的共同努力,仲裁机构和仲裁员在其中担负着重要的角色,如果仲裁工作中不正之风泛滥,将对社会信心造成严重打击,进一步败坏社会风气。仲裁公正,则对社会风气可以起到示范、感召和促进的作用,从而引导社会风气的好转。

总之,仲裁公正对仲裁活动具有基石作用,对实体法律正义性具有保障作用,对仲裁员形象具有提升作用,对市场经济秩序具有维系作用,对社会风气具有引导作用,所以,我们要把仲裁公正作为仲裁员职业道德的首要准则加以确立。

(二)仲裁员职业道德基本准则之二:诚信

我国仲裁事业经过20多年的艰苦创业,已获得长足发展,成为构建和谐社会,解决民商事纠纷的一项重要的、不可或缺的法律制度。仲裁作为非诉讼救济方式越来越受到人们的重视,全国仲

---

① 刘长海、杜时忠:《论转型期社会风气与美德培养的关系》,载《当代教育论坛》(上半月刊)2006年第3期。

裁受理案件的数量和标的总额保持连续 18 年增长的势头,但经过理性思考,可以看出,制约仲裁工作发展的"瓶颈"性问题仍然存在,其中之一即仲裁诚信问题。

"诚"的本义是心意真诚。《易经·乾卦》:"修辞立诚"。由真诚引申为忠实。《管子·乘马》:"是故非诚买不得食于买……"所谓"诚工""诚农"的"诚"都是指对国家忠实的意思。由忠实又引申为说到做到的意思,同时,还被引申为副词:果真,的确。还可引申为表假设,假如真的,如"诚然"。"信"字在古代有许多意思,表真实,不虚伪,《老子》:"信言不美,美言不信";相信,信任,《史记·苏武传》:"且单于信女";守信用,《荀子·富国》:"已诺不信则兵弱";信约,盟约,《左传·襄公元年》:"以继好结信"等。不难看出,无论是"诚"字还是"信"字,都与真实、守信用、重承诺等相关联。"诚信"二字从古至今的意思基本一致。

诚实信用最初是作为一项道德要求提出来的,在于追求善良风俗,追求公平、平衡,追求公共秩序;其目的是实现人与人,或人与社会间的公平最大化。随着易物交换所带来的商品经济的发展,以及社会生产分工的日益细化和私有制的壮大,各种交易也应运而生,诚实信用作为交易的一般规范性原则和日常行为道德准则正式形成并广为接受,成为经济活动和社会生活中的行为规范。在法律上最早实现道德法律化的是罗马法中的诚信契约和诚信诉讼。诚实信用原则自引入法律领域起便成为实体法和程序法的共同准则。

加强仲裁员职业道德建设,提高仲裁公信力,必须防止虚假仲裁。实践中,存在少数当事人以恶意申请仲裁或以"手拉手"虚假仲裁方式,损害案外人合法权益的问题。例如,两方当事人合谋以虚假仲裁的方式，将本属于案外人的财产裁决给一方当事人。如果对虚假仲裁的裁决予以强制执行，不仅损害案外人的合法权益，而且严重损害仲裁与司法的公信力。虚假仲裁与虚假诉讼非常类似。对于虚假诉讼，民事诉讼法规定了第三人撤销之诉制度。但对于虚假仲裁，权益受损的案外人却暂无明确的救济途径。民事诉讼法对于虚假仲裁和虚假诉讼的态度是一致的，强调均应予以遏制和制裁。[①]

（三）仲裁员职业道德基本准则之三：独立

我国《仲裁法》（2017 年修正）第 14 条规定，“仲裁委员会独立于行政机关，与行政机关没有隶属关系。仲裁委员会之间也没有隶属关系”。仲裁员的独立性起源于古老的“自然公正”原则，即“任何人不得担任自己案件的法官”，或者仲裁员（或法官）与案件不得存有利益冲突。国际律师协会（International Bar Association，IBA）在其 1987 年制定的《国际仲裁员道德守则》（IBA 守则）中对“不独立”的定义为：“不具备独立性的仲裁员与一方当事人之间，或与该当事人有密切联系的人之间存在某种关系。”与公正性相比，独立性具有外部性的特征，可以通过客观标准来判定。独立性侧重于仲裁员与当事人之间的关系，即仲裁员与当事人或其代理律师之间不存在影响仲裁员独立裁决的密切关系，这种关系可以是金钱的、职业的、商业的或家庭的等。缺乏独立性不仅可以表现为对一方当事人的偏袒，或者和一方当事人有友好密切关系；还可以表现为对一方当事人存有歧视，或者与一方当事人有过节或存在敌意关系。[②]

---

① 万学忠：《虚假仲裁受害人保护机制研讨会举行》，载《法制日报》2018 年 3 月 7 日。
② 吴淑美：《论仲裁员的公正性与独立性》，厦门大学 2008 年硕士学位论文。

仲裁机构独立行使仲裁权是现代民主政治的最基本要求，那么，如何强化仲裁独立呢？

第一，全面准确理解仲裁独立。根据《世界司法独立宣言》和《国际律师协会关于司法独立最低限度标准的规则》所确立且为世界各国普遍承认的“司法独立最低标准”，完整的仲裁独立概念应包括：实质独立、身份独立、集体独立、内部独立。这四个方面的内容又可归纳为两类，即作为整体的仲裁机构独立与作为个体的仲裁员独立。

第二，严格落实仲裁法的规定，彻底根除地方保护主义。树立法制统一的思想，维护法律的尊严，从维护社会主义市场经济秩序的高度，克服狭隘的地方保护主义。

第三，严格选任资格与制度，大力提高仲裁员素质。全国人大常委会 2017 年 9 月《关于修改〈中华人民共和国法官法〉等八部法律的决定》，[①]对《仲裁法》作出修改，将第 13 条第 2 款第 1 项修改为：“（一）通过国家统一法律职业资格考试取得法律职业资格，从事仲裁工作满八年的”；将第 3 项修改为：“（三）曾任法官满八年的”。该决定自 2018 年 1 月 1 日起施行。修改后，我国《仲裁法》（2017 年修正）第 13 条规定，仲裁委员会应当从公道正派的人员中聘任仲裁员。仲裁员应当符合下列条件之一：（1）通过国家统一法律职业资格考试取得法律职业资格，从事仲裁工作满 8 年的；（2）从事律师工作满 8 年的；（3）曾任法官满 8 年的；（4）从事法律研究、教学工作并具有高级职称的；（5）具有法律知识、从事经济贸易等专业工作并具有高级职称或者具有同等专业水平的。所以要

① 全国人大常委会《关于修改〈中华人民共和国法官法〉等八部法律的决定》，载《人民日报》2017 年 9 月 4 日。

严格掌握通过国家统一法律职业资格考试取得法律职业资格这一要求。在严格选任资格与制度方面,日本的法官选任制度之严格值得借鉴。据统计,①截至1991年年底,日本各大学法学部的毕业生总人数大约有4万人,每年参加司法考试的大约有2.4万人(包括应届毕业生和往届毕业生)而考试及格率却极低。除了早期的两次(1949~1951年)曾有7%以上的记录外,一直到1964年都只有5.3%~4%的及格率。而1965~1973年则降至3.9%~2.1%。1974年以后一段时间更跌至2%以下。直到1985年,才又恢复到2%以上。由于及格率极低,致使很多考生考试次数多得惊人。有关统计显示,在日本,参加司法考试一次即及格者,仅1979年有11位,其他年份皆只有个位数,而应试最多者竟有18次之多。在1986年,应考15次才及格者有5人。考生平均应考次数,自1981~1987年为6次。我国也可通过严格选任资格与制度,大力提高仲裁员素质。

第四,保障办案经费,提高仲裁员报酬。高薪制是十分必要的,其一,可以通过高薪吸引优秀的法律人才,提高仲裁员的整体素质;其二,高薪制度会让仲裁员提高工作的积极性,严于律己,公正执法;其三,通过丰厚的待遇可以让仲裁员免除生活的后顾之忧,能够抵挡住金钱的诱惑,做到洁身自好。

(四)仲裁员职业道德基本准则之四:文明

关于"文明"的含义,尚书《舜典》的疏解对"文明"一词的解释为:"经天纬地曰文,照临四方曰明。"此说最能揭示文明的真谛。中国古代先民创造"文明"一词本是借用自然界的现象来说明人类

---

① 甄树青:《法官遴选制度比较研究》,载《外国法译评》1999年第4期。转引自朱柏松:《日本大学教育与司法考试》,载《法学丛刊》1994年第3期。

社会的理想与追求。我们今天所说的文明固然不是指自然文明，但是人类的文明一词显然是受到自然文明的启发借鉴而来的，并在此基础上使文明概念至少包括了三层含义：一是文明的创新力，人类自己的创造与大自然相比，尽管微不足道，但也弥足珍贵，应当为之自豪；二是文明的变化性，文明的行为不仅改变了自然，还改变了人类自身和人类生活的环境，包括社会环境；三是文明的进步性，文明能够给人带来幸福，带来利益和安全，从而推动人类社会进步。

文明是仲裁员良好职业道德素质、职业纪律观念和职业形象的综合展现，是仲裁员职业道德的重要准则之一。

仲裁员职业道德的文明准则具有亲和性、良好的沟通性、平等性等特点。

第一，仲裁员的亲和性。廉、正、谦、和是仲裁员的道德形象，也是仲裁员的道德义务。仲裁员要做“道德人”不做“经济人”。仲裁员与职业法官不同，不履行仲裁员职责的时候可能从事各种职业。许多仲裁员本身就是律师或企业家，可以在职业活动中以不损害他人利益为前提合理地追求自己利益的最大化。但是仲裁员一旦开始履行仲裁员义务，“经济人假说”便不能适用。履行仲裁员义务的仲裁员们应当在一定程度上具备所谓的“道德人”的思想境界。仲裁员不应当利用仲裁员身份或仲裁活动为自己的业务或职业寻求好处。仲裁员只有在自认为没有利害关系并且自己有能力及时处理该案件时才可以接受指定。仲裁员应当廉洁，不崇尚奢华，尽可能避免多方应酬。仲裁员仲裁过程中及结案后，都不得为自己和亲友从当事人及其关联人处获得任何物质的或非物质的“友情利益”。

仲裁员尤其是首席仲裁员要谦虚谨慎、从善如流，具有亲和力、凝聚力。在仲裁过程中，由于人们的经历、职业不同，看问题的方法、角度不同，对证据判断、事实认定、法律适用上有分歧是正常现象。要培养虚心听取他人意见的气度，听得进来自各方面的意见，切忌主观武断、盛气凌人，始终注意营造仲裁的和谐融洽氛围。总之，仲裁员应该按照仲裁法的要求，认真学习，严于律己，切实履行职责。严格依法办案，做到公正、廉洁、高效，依法维护当事人的合法权益，为促进市场经济的健康发展，构建和谐社会做出贡献。

第二，良好的沟通性。仲裁员在办理案件的过程中要关注当事人，许多仲裁案件的当事人在签订仲裁条款时对仲裁并不知晓，更谈不上了解。在发生纠纷后，往往是受律师或法院的指点才来到仲裁机构。对于这些当事人来说，仲裁机构、仲裁员乃至仲裁的一切都是新鲜的。要使仲裁为当事人所了解、接受和欢迎，让每一个当事人成为仲裁制度的正面宣传员，因为当事人是仲裁之树常青的土壤，没有当事人也就没有仲裁。可亲才可信，仲裁员在当事人心目中树立起良好的可信形象，他们会心悦诚服地听从你的劝解，案件的顺利解决也就有了基础。

第三，仲裁员的平等性。平等地对待双方当事人，不代表、不偏袒、不歧视、不压制任何一方当事人。无论当事人的民族、职业、身份、社会地位、资产状况、企业性质、所在地域及案件争议标的等情况有何区别，均应确保双方当事人在仲裁中的法律地位平等，确保双方当事人行使各项仲裁权利平等，确保双方当事人平等地进行举证、质证、辩论的机会。

通过以上分析可以得出结论，我国仲裁员职业道德的基本准则，即公正、诚信、独立、文明。其中，公正是核心准则，诚信和独立是基础准则，文明是形象准则。这四个准则是具有内在逻辑联系，密不可分的统一整体。

二、强化仲裁员的廉洁自律

2015年10月18日，中共中央印发了《中国共产党廉洁自律准则》，对仲裁员同样具有自律价值。廉洁自律怎样界定？如何实现？这是我们必须思考和解决的问题。

所谓廉洁，是清廉洁白的意思，与“贪污”一词相对立。《楚辞·招魂》中说：“朕幼清以廉兮。”王逸注释为“不受曰廉，不贪曰洁”。可见，廉洁是指不受贿、不贪财、立身洁白。廉洁是中华民族的传统美德，我们常说：“清介自守”“清白无瑕”“两袖清风”“一尘不染”，赞美的就是廉洁的品德。

所谓自律，源于古希腊语中“autos”（自己）和“nomos”（规律），是由两个词合并而成，词义是自己的规律。引申到伦理学的含义上，所谓自律，是道德主体履行道德义务已超越了对道德义务的敬畏和消极服从，而是把它转化为自己内心的一种自觉追求，一种发展、完善和提升自己的内在需要和深刻的责任感。恰如著名心理学大师皮亚杰所指出的：“当心灵认为必须要有不受外部压力左右的观念的时候，道德自律便出现了。”[①]这时，道德义务不再是他律的异己的存在，而是为我的存在，道德义务的他律性被扬弃了，个体道德的发展也随之向自律阶段升华。[②] 自律具有如下特点：第一，自我意识性。在自律阶段，道德主体的行为是在自我意识支配下进行的，而不是外在强制的结果，是自我决定的，是在意

---

① ［瑞士］皮亚杰：《道德判断》，傅统先、陆有铨译，山东教育出版社1984年版，第233页。

② 龙静云：《治化之本——市场经济条件下的中国道德建设》，湖南人民出版社1998年版，第219～221页。

志支配下完成的自主自觉行为。第二，自我反省性。所谓自我反省就是经过道德主体的头脑思考，对自己的和他人的行为进行分析、比较、研判，然后根据自己的道德倾向做出行为决定。第三，自我评价性。也就是行为主体对自己的行为进行评价，对照他人，找出不足；对照自己的过去，找出差距。进而不断完善人格，适应社会的要求。

廉洁自律的依据可以从如下几个方面分析：

第一，马克思指出："道德的基础是人类精神的自律，而宗教的基础则是人类精神的他律。"[①]所以，道德建设从他律走向自律是马克思主义的基本原理。习近平在党的十八届中央纪委三次全会上发表重要讲话强调，解决好保持党同人民群众的血肉联系问题，不可能一劳永逸，不可能一蹴而就，要常抓不懈。我们开了个好头，要一步一步深化下去。抓作风建设，首先要坚定理想信念，牢记党的性质和宗旨，牢记党对干部的要求。

第二，只有通过道德自律，才能真正落实法律、党纪以及道德规范的他律。道德的本质特征决定其基本规范和要求的落实最终取决于人的内心信念和道德良知。法治与德治的关系是一种他律与自律的关系。法治是一种他律，它强制人们按照法定的规范做一个守法的人；德治是一种自律，它启发人们自觉做一个有道德的人。在他律与自律的关系中，自律是基础，他律必须通过自律而起作用，离开自律的他律只能是消极的、被动的，甚至是流于形式的。这是因为，当法律规范的约束和导向还仅仅停留在行为主体的意志要求之外时，法律规范所产生的力量还不是来自主体自身，还不一定是主体自身对法律规范的认同和自觉的服从，而是来自于一

① 《马克思恩格斯全集》(第1卷)，人民出版社1956年版，第15页。

种超乎个人之上的外在社会压力。仅停留于他律形式的主体对法律规范的服从，往往如同服从威风凛凛地站在社会生活十字路口的、手握法治指挥棒的警察。此时，个体对法律规范的把握只是外在的，并不能反映出个体对法律规范的自觉的把握。[①] 只有他律走向自律，才能把外在的约束转变为自我意志的要求。

第三，道德从本质上看，不是迫于外在力量的强制，而是由人的内在道德需要所启动的自主、自为、自觉、自愿的行为。全面从严治党，必然要求依规治党和以德治党相结合。自觉性和强制性是辩证统一的，强制性以自觉性为前提，强制性又可以启发、诱导和强化自觉性。强制性的他律内化为自觉性的自律，才能体现中国共产党的先进性，永葆党的先进性和纯洁性。

实现廉洁自律，可以采取一些行之有效的对策，即明确道德导向，提高道德修养，掌握具体方法，包括学习道德榜样、启发道德认同、提倡“慎独”精神、善用“自省”古箴等方法。

三、加强对仲裁员的多元监督

仲裁是一种古老的民间纠纷解决方式，现在已经被世界很多国家的国内立法以及一些国际条约所确认，成为现代社会解决纠纷的重要手段。所谓仲裁，是指依据当事人所达成的合意，把基于一定法律关系而发生或将来可能发生的纠纷的处理，委托给法院以外的第三方进行裁决的纠纷解决方法或制度。[②] 仲裁具有准司法的性质和强制性的特征，并且仲裁实行一裁终局的原则，仲裁员的权力极易被滥用，因而构建对仲裁员的多元监督体制就尤为重要。现阶段，有关对仲裁员的监督制度已经呈现多元化的发展趋

① 胡振平、贺善侃主编：《心中的律令》，上海大学出版社 2004 年版，第 89 ~ 90 页。
② 范愉：《非讼纠纷解决机制研究》，中国人民大学出版社 2000 年版，第 192 页。

势，根据监督主体的不同，主要包括对仲裁员的司法监督、行业监督、内部监督和当事人对仲裁员的监督四种形式。

对仲裁员的多元仲裁监督制度如何完善？

第一，合理控制对仲裁员的司法监督的力度。仲裁制度的健康的发展，不能缺少法院的监督。然而，法院不能过度地干预和控制仲裁制度本身的发展，过分干预仲裁员的仲裁行为，这种监督和干预必须是适当的，基于法律规定进行。法院对仲裁进行适度的司法监督，主要包括以下三个方面：一是承认仲裁“一裁终局”；二是原则上法院只控制仲裁的程序性事项，而不审查或者严格限制审查仲裁裁决的实体内容，即只对仲裁的自然正义与合法性进行司法审查，而不审查裁决的是非曲直；三是在仲裁程序中，法院的司法监督以支持和协助仲裁为主导，并且法院介入仲裁的权限以当事人或者仲裁庭的申请为前提，介入的范围也是以当事人或者仲裁庭的申请为限。此外，人民法院对仲裁行使司法监督权的活动与整个仲裁制度关系密切，因此，建议人民法院在审理撤销仲裁裁决的申请案件和做出裁定之前，合理听取仲裁员的意见，让仲裁员参加到司法监督活动中，这样可以有效避免因审判人员个人欠缺仲裁经验而做出错误的裁定，影响我国仲裁制度的发展，而且符合程序公正的基本要求。

第二，加快完善对仲裁员的行业监督机制。我国仲裁法虽然明确规定了仲裁协会的地位、性质，但是仍然未建立起我国的仲裁协会。我国仲裁协会的缺失，使各仲裁机构各行其是，区域间的协调发展受到制约。因此，有必要建立起真正属于我国的自律性仲裁协会，消除我国仲裁业所带来的负面影响。当然，我国的仲裁协会也就理应履行相应的职能。其一，建立符合我国国情的统一评判标准,用于评价各仲裁机构和仲裁员的行为,促使仲裁员积极履行职责;其二,运用仲裁规则合理协调和约束各仲裁机构之间的权利和义务,为仲裁员的仲裁行为提供公平合理的制度环境;其三,对仲裁员和仲裁机构进行定期培训和业务宣传,组织仲裁员交流经验,推动仲裁制度发展;其四,对违法乱纪的成员进行惩戒,维护仲裁协会的权威。

第三,加快完善对仲裁员的内部监督机制。我国对仲裁员的内部监督机制基本上适应了我国仲裁事业的发展,但是随着仲裁事业的逐渐推进,有必要对仲裁的内部监督制度予以完善。具体包括:其一,在具体的仲裁案件中,裁决应当按照多数仲裁员的意见做出,少数仲裁员的意见可以记入笔录。仲裁庭不能形成多数意见时,裁决应当按照首席仲裁员的意见做出。法律的规定有待改进,应当将首席仲裁员的意见报仲裁委员会讨论决定,出于对仲裁公正的考虑,对首席仲裁员予以适当的监督是必要的;其二,当符合条件的仲裁员没有自行回避,当事人未申请回避时,应当由仲裁委员会主任或者仲裁委员会集体决定这种情形的回避;其三,应当把仲裁庭秘书纳入回避对象的范围内,切实维护当事人的合法权益;其四,增加仲裁员违法责任的规定,仲裁庭的组成人员如果因为仲裁程序违法累计两次被法院撤销仲裁裁决的,组成该仲裁庭的人员在其任期届满后,仲裁委员会不得再次聘任其为仲裁员,这种责任性规定有利于促使其积极履行职责。

第四,充分保障当事人的意思自治。当事人意思自治是仲裁赖以存在的基础,它贯穿于仲裁程序的始终。在仲裁程序中,赋予当事人更多的权利和自由是当今世界各国仲裁立法的发展趋势,只要不违反强制性的法律规范,就应充分尊重当事人在仲裁程序中的意思自治权。我国仲裁制度中所存在的仲裁机构独立性差、当事人的程序决定权不充分以及仲裁程序缺乏灵活性等缺陷，均源于缺乏对仲裁的契约性本质的深刻认识，未能充分尊重当事人意思自治原则。各国的诉讼法都设立了上诉程序，其目的便在于通过上级法院的审查来纠正下级法院的错误，以使双方当事人获得公正判决，最终实现社会公正。为了使当事人意思自治这一原则在仲裁活动中得以切实充分地体现，我国仲裁法应当承认并尊重当事人进行仲裁程序选择的自由权，而不应过度限制当事人的意思自治权，这也是各国的普遍做法。当事人的意思自治中包含对仲裁员进行监督的内容，当事人意思自治得到保障，自然有助于推动当事人对仲裁员的监督。

第五，构建具有中国特色的对仲裁员的社会监督机制。对仲裁员的社会监督是仲裁监督的最后方式，实际上也是影响范围最广泛的一种监督方式。然而，如何处理好对仲裁员的社会监督和仲裁保密性的问题使社会监督机制陷入了困境，因此，必须妥善处理两者之间的关系。首先，对仲裁员的社会监督应侧重于仲裁员的言行举止上，避免过度干预仲裁员独立裁决案件，尤其是涉及仲裁专业时，社会公众应当理性回避。而且涉及当事人双方的私密事项时，仲裁员应当予以保密，社会大众也应避免妄加评论，以免影响双方当事人的正常生活。其次，应当加强仲裁社会监督的宣传力度，提高人们关于社会监督的认知，形成普通大众对仲裁监督制度予以信任和理解的良好氛围。

可见，仲裁作为非讼纠纷解决机制的重要手段，日益受到社会的重视和人民群众的信赖，要使仲裁保持持久的生命力，构建对仲裁员的多元监督机制就显得很有必要。我们应当在现有的对仲裁员的监督机制下,不断改进已有的仲裁监督机制,创新仲裁监督机制,实现对仲裁员的全方位监督,促使仲裁员依法行使职权,保障仲裁的公正。

结语

总之,我们强调加强仲裁员职业道德建设,提升仲裁公信力,实际上就是塑造、提升仲裁员的爱国为民情怀,做到修身齐家治国平天下。以仲裁人特有的方式,为天地立心,为生民立命,让我们的仲裁工作立足中国,走向"一带一路",走向世界,为维护和完善中国以及世界法治秩序做出应有的贡献。

Abstract Wherever public power is used, there is a problem of credibility construction. Public power includes administrative power, law enforcement power, judicial power, and even discourse power. All departments with public management and public services should strengthen credibility, including government credibility, media credibility, judicial credibility, corporate credibility, social credibility and so on. Arbitration institutions have the right to arbitrate, and undoubtedly should strengthen the construction of arbitration credibility. The Fourth Plenary Session of the 18th CPC Central Committee pointed out: "Improve the arbitration system and enhance the credibility of arbitration." The credibility of arbitration is the power that allows the arbitrators to trust, convince, and secure the society. There are many ways to improve the credibility of arbitration. From thinking about moral countermeasures, strengthening the construction of arbitrators' professional ethics, and improving the credibility of arbitration, the following three countermeasures can be taken: constructing the basic standards system for arbitrators' professional ethics, strengthening the integrity and self-discipline of arbitrators, and strengthening Multiple supervision of arbitrators. Thereby shaping and improving the patriotism of the arbitrators.

Keywords: Arbitration credibility Arbitrator Professional ethics Basic norm

【理论探索】

当代中国仲裁的国际化发展：现状、挑战与应对[①]

郭玉军[*]　付鹏远[**]

摘　要　我国的仲裁制度肇始于20世纪。新中国成立后，我国仲裁立法和实践的国际化程度不断提高，相关立法规则不断完善，国内仲裁与涉外仲裁机构双轨制得到改革，仲裁规则与时俱进，仲裁机构的组织结构也在不断与国际接轨，仲裁司法审查呈现出适度与谦抑的趋势，涉外及涉港澳台地区受案数量显著增加。随着“一带一路”倡议的深入推进，中国仲裁的国际化发展将面临着新的挑战和机遇，因此中国仲裁行业应该树立仲裁国际化的目标，提高国际化的认识，明晰国际化的战略，努力建设世界一流的国际化、专业化和品牌化的仲裁机构，将我国打造为面向全球的亚太仲裁中心和国际仲裁高地，也为营造稳定、公平、透明的法治化营商环境提供支持。具体而言，应该采取以下四项措施：深化国际交流与合作、重视开拓国际案源、吸纳更多外籍仲裁员、适度开放

① 本文为司法部司法协助交流中心项目“提升中国在双边司法协助条约和多边司法协助公约中的话语权问题研究”的阶段性成果。

* 武汉大学国际法研究所教授、博士研究生导师。

** 武汉大学国际法研究所博士研究生。

仲裁服务市场。

关键词 仲裁国际化 “一带一路” 仲裁服务

一、中国仲裁国际化的发展现状

(一)立法国际化

我国的仲裁制度肇始于20世纪,早在1945年中国政府就与美国组织了“中美商事联合仲裁委员会”。新中国成立以后,1954年通过了《关于在中国国际贸易促进委员会内设立对外贸易仲裁委员会的决定》,并于1958年通过了《关于在中国国际贸易促进委员会内设立海事仲裁委员会的决定》,据此,先后于1956年和1959年成立了中国国际贸易促进委员会对外贸易仲裁委员会和中国海事仲裁委员会。20世纪70年代到80年代间,国内立法相继出台允许并鼓励当事人运用仲裁方式解决争议,如《中外合资经营企业法》《中外合作经营企业法》《经济合同法》和《经济合同仲裁条例》等。改革开放以来,中国于1986年加入《承认与执行外国仲裁裁决公约》(以下简称《纽约公约》),标志着中国的国际商事仲裁事业进一步与国际接轨,为我国与其他缔约国之间仲裁裁决的相互承认与执行方面提供了有利的制度性保障。1991年《民事诉讼法》对涉外仲裁进行专章规定。1994年中国第一部单行《仲裁法》通过,标志着包括国际商事仲裁在内的中国仲裁事业进入快速发展的历史阶段。

我国调整仲裁的国内仲裁立法主要包括《仲裁法》《民事诉讼法》及其司法解释,另外也散见于《合同法》《涉外民事关系法律适用法》及其司法解释等法律法规中。同时,我国与其他国家订立的或者签署的调整国际商事仲裁关系的双边条约或多边国际公约,也是我国国际仲裁立法的重要内容。如1979年《中华人民共和国和美利坚合众国贸易关系协定》、《纽约公约》、《解决国家与他国国民之间投资争端公约》(简称《华盛顿公约》)以及我国与他国签订的大量投资保护协定。[1] 从《仲裁法》《民事诉讼法》的司法解释及其修订工作中,我们可以管窥中国仲裁立法国际化的历程。

我国《仲裁法》于1994年8月31日第八届全国人民代表大会常务委员会第九次会议一致通过,1995年9月1日起施行。《仲裁法》是在我国建设社会主义市场经济的时代大背景之下通过和实施的,对仲裁事业的发展具有里程碑式的重大意义。相较于之前的《经济合同仲裁条例》,《仲裁法》在体例上更加科学严谨,厘清了司法与仲裁的关系,体现出对仲裁大力支持、依法监督的立法精神,确立了自愿仲裁原则、或裁或审原则、独立仲裁原则以及一裁终局原则。值得一提的是其现代化、国际化趋势,该法在制定的过程中,充分考虑了我国建立社会主义市场经济体制的要求,总结吸纳了我国既往涉外仲裁实践的基本经验,借鉴了国外成功仲裁制度的有益经验和国际上通行的做法,特别是《纽约公约》和联合国贸法会制定的1985年《国际商事仲裁示范法》。从整体上看,我国《仲裁法》是一部水平较高符合国际通行做法的仲裁法。[2] 该法的出台结束了我国仲裁立法缺乏体系性规范性的乱象,[3]受到了国内外学术界和实务界的高度认可。

《仲裁法》及其司法解释体现出大力支持仲裁的国际化立场,

---

① 赵秀文:《21世纪中国国际仲裁法律制度现代化与国际化的发展方向》,载《河南省政法管理干部学院学报》2001年第3期。

② 同上。

③ 在1994年《仲裁法》颁布实施之前,我国有14部法律,82个行政法规及190个地方性法规对仲裁进行规定。参见宋连斌、赵健:《关于修改1994年中国〈仲裁法〉若干问题的探讨》,载陈安主编:《国际经济法论丛》(第4卷),法律出版社2001年版,第597页。

具体表现为以下几点:其一,在管辖权上,或裁或审原则、独立仲裁原则、一裁终局原则在管辖权上确保了法院在当事人已达成仲裁协议的情况下,不受理或不再受理该类案件,由仲裁机构依法独立审理,除非仲裁协议无效;其二,在仲裁程序中,法院运用国家强制力在证据保全和财产保全方面对仲裁予以支持,确保仲裁程序顺利进行;其三,在仲裁裁决的执行上,人民法院承认执行仲裁裁决,保证仲裁当事人利益的实现。另外,我国《仲裁法》及其司法解释还体现出依法适度监督仲裁的谦抑态度。对仲裁裁决的适度司法审查,在保证仲裁的独立性的同时,也保障了仲裁的公正性和规范性,使其获得良性发展的空间。我国《仲裁法》中规定的人民法院对仲裁的监督,与世界上大多数国家相同,是事后监督,依当事人申请而启动,包括对仲裁协议效力的审查,以及对仲裁裁决的撤销以及不予执行。最后,《仲裁法》充分体现了采纳当事人意思自治原则的国际趋势,并对涉外仲裁进行专章规定,就涉外仲裁机构的设立、仲裁员的聘任和涉外仲裁裁决的撤销与执行,作出了专门规定,给予更大的支持力度。考虑到涉外仲裁自身的特点,为了进一步完善和健全中国涉外仲裁法治建设,该法对国内仲裁裁决和涉外仲裁裁决采取双轨制的审查标准。对涉外仲裁的司法监督规定,既是遵循国际惯例,也符合我国改革开放的国情,为我国创造了促进外商投资环境、遵守国际条约与惯例的良好制度氛围。

(二)实践国际化

60 年来,中国的仲裁事业经历了从无到有,从小到大,风雨兼程,伴随着中国对外开放的步伐,沿着国际化和现代化的方向不断探索。1949 年以前,我国尚无独立的国际商事仲裁的机构,我国当事人在对外经贸商事活动中发生的争议只能提交到国外仲裁机构解决。[①] 中国国际贸易促进委员会对外贸易仲裁委员会与中国国际贸易促进委员会海事仲裁委员会先后于1956年4月和1959年1月相继成立,结束了我国没有受理国际商事仲裁专门机构的历史,开启了我国国际商事仲裁事业的探索之路。

其一,国内仲裁与涉外仲裁的机构双轨制得到改革。1980年中国国际贸易促进委员会对外贸易仲裁委员会改名为中国国际贸易促进委员会对外经济贸易仲裁委员会[②](以下简称贸仲委),专门受理涉外(包括涉港、澳、台地区)案件的涉外仲裁机构,而依据我国《仲裁法》重组的其他仲裁机构只受理国内仲裁案件。随着对外开放的不断深化,涉外案件的数量和种类不断增加,双轨制的仲裁机构制度不能满足实践的需求,亟待改革。20世纪90年代末,贸仲委依据《仲裁法》对其仲裁规则进行了修改,扩张了其管辖权和受案范围,既可受理涉外案件也可受理国内案件。1996年6月8日国务院办公厅发布《关于贯彻实施〈中华人民共和国仲裁法〉需要明确的几个问题的通知》,规定"新组建的仲裁委员会的主要职责是受理国内仲裁案件;涉外仲裁案件的当事人自愿选择新组建的仲裁委员会仲裁的,新组建的仲裁委员会可以受理"。自此,我国涉外和国内仲裁机构受案范围实现并轨,迎来了中国国际商事仲裁大发展的重要拐点。截至2016年年底,中国仲裁机构数量已达251家。[③] 中国仲裁机构选聘了大量仲裁员,其中不仅有来自大

① 参见中国仲裁法学研究会:《中国国际商事仲裁年度报告(2014)》,载中国国际经济贸易仲裁委员会网:http://www.cietac.org.cn/index.php?m=Article&a=show&id=13643,最后访问日期:2018年5月19日。

② 后来又于1988年改名为中国国际经济贸易仲裁委员会。

③ 参见《中国国际商事仲裁年度报告(2016)》,载中国国际经济贸易仲裁委员会网:http://www.cietac.org.cn/index.php?m=Article&a=show&id=14501,最后访问日期:2018年4月19日。

陆和港澳台地区的专业人士，更有不少来自国外的专业人士。他们共同组成一支专业素质较高、信誉良好的仲裁员队伍，保障仲裁程序的高效进行、仲裁裁决的公正作出。

其二，我国仲裁机构的仲裁规则也在与时俱进、不断发展，越来越与国际接轨。2014年党的十八届四中全会出台《中共中央关于全面推进依法治国若干重大问题的决定》，将“完善仲裁制度，提高仲裁公信力”作为健全社会矛盾纠纷预防化解机制的重要举措。为不断适应国际商事仲裁发展的新形势，满足国内外当事人对纠纷解决机制多元化、国际化的需求，自2014年来，许多仲裁委员会纷纷对其仲裁规则作出重要修订，如贸仲、北仲、武仲、广仲等。这些仲裁规则均从不同侧面借鉴、吸收了联合国国际贸易法委员会以及国际主流仲裁机构现行仲裁规则的成功经验，从制度设计和仲裁实务上大大推进了我国仲裁规则的国际化、现代化的进程，有利于推动我国仲裁立法的完善，使仲裁立法和实践良性互动。纵观我国有关仲裁机构仲裁规则的修订，呈现出以下趋势：第一，尽量使仲裁协议有效，突出仲裁庭的决定权，扩展仲裁协议的书面形式；第二，在赋予仲裁庭更多的程序管理权的同时，赋予当事人充分的程序自主权；第三，完善了临时性保全措施的种类、发布主体，有相当数量的仲裁委的仲裁规则都设立了紧急仲裁制度；第四，明确合并仲裁的条件；第五，完善仲裁程序，使其更具灵活性与公正性，力求在效率与公平之间达到兼容和平衡。

其三，我国仲裁机构的组织结构也在不断与国际接轨。在仲裁机构组织的国际化改革上，深圳国际仲裁院已有成功先例可供借鉴，主要就是建立以理事会为核心的法人治理结构，实行决策、执行和监督有效制衡的管理制度，保障仲裁机构运作和仲裁庭办案的独立性。2012年深圳市通过特区立法——《深圳国际仲裁院管理规定(试行)》,华南国际经济贸易仲裁委员会(以下简称华南国仲)成为中国第一个通过立法方式确立法人治理模式的仲裁机构,建立了以理事会为核心的法人治理结构,实行决策、执行和监督有效制衡的管理制度,保障仲裁机构运作和仲裁庭办案的独立性。目前,华南国仲理事会共有13名理事,主要由港粤地区法律界和工商界的代表性人士组成,其中7名理事来自中国香港特别行政区和海外,强化了华南国仲的独立性和国际化。理事会内设规则修订委员会、仲裁员资格与操守考察委员会、薪酬委员会等专门委员会,主要履行以下职能:(1)制定和修改章程、仲裁规则、调解规则及其他争议解决规则;(2)审议提出秘书长、副秘书长人选;(3)审定专门/专业委员会的设置、变更和撤销,决定专门或专业委员会的组成人选;(4)设立仲裁员名册,决定仲裁员及其他争议解决方式专家的聘任和解聘;(5)根据秘书长的建议,审定分支机构的设立和撤销;(6)审定年度工作报告和财务预(决)算报告;(7)审定内设机构设置和变更的方案以及用人规模;(8)制订重要规章制度,包括但不限于仲裁员报酬制度、执行机构工作人员聘用管理和薪酬制度;(9)章程规定的其他职责。[①]

其四,仲裁司法审查呈现出适度与谦抑的趋势。在司法实践中,司法对仲裁的大力支持与适度监督是提高仲裁公信力的有利保障,有利于促进仲裁的公正性和合法性。我国《仲裁法》生效20年以来,司法实践中对仲裁的仲裁司法审查呈现出适度与谦抑的

① 参见《深圳对特区国际仲裁机构进行专门立法——深圳国际仲裁院成为中国第一个通过立法方式确立法人治理模式的仲裁机构》,载华南国际经济贸易仲裁委员会网:http://www.sccietac.org/web/doc/view/4.html,最后访问日期:2018年5月22日。

趋势。最高人民法院司法审查中所确立的原则，通过司法实践和司法解释成为统一司法理念的风向标，司法解释中以“复函”形式回应司法实践中各级人民法院在涉及涉外仲裁协议效力、涉外仲裁裁决撤销、不予承认与执行等方面所遇到的实践困境，其中大部分体现了支持仲裁的价值取向，如严格限制公共政策在承认与执行仲裁裁决中的运用；对仲裁协议有效性问题上通过对形式要件的合理扩张等途径实现了开创性的突破，体现出了尽量使仲裁协议有效的开放趋势。在大量的对仲裁的司法审查案件中涉及仲裁协议效力、撤销仲裁裁决、仲裁裁决执行、仲裁保全等几大类案件中，仲裁协议被确认无效、仲裁裁决被撤销、仲裁裁决被裁定不予执行，以及仲裁保全申请被驳回等消极情况仍为少数。① 中国仲裁司法实践中的支持仲裁与司法的谦抑适度作为国际化的一个重要特征将在不断的深化改革中日益强化。最高人民法院最新颁布并于2018年1月1日开始实施的《关于仲裁司法审查案件报核问题的有关规定》和《关于审理仲裁司法审查案件若干问题的规定》进一步加强了仲裁司法审查的统一归口管理，系统完善了仲裁司法审查的法律体系，尤其是其中新创设的非涉外仲裁案件审查由高级人民法院核准的“两级法院”报核制度、当事人住所地跨省或违背社会公共利益的非涉外仲裁裁定审查由最高人民法院核准的“三级法院”报核制度、确立“有利于仲裁协议有效”的法律适用原则，体现了支持仲裁的积极立场。②

其五，我国仲裁机构积极参与国内外仲裁市场竞争，涉外及涉

① 参见宋连斌、傅攀峰、陈希佳：《中国商事仲裁年度观察（2016）》，载北京仲裁委员会网：http://www.bjac.org.cn/news/view?id=2837，最后访问日期：2018年5月17日。

② 参见牛磊：《最高院仲裁司法审查新调整：如何理解两个新规定?》，载https://mp.weixin.qq.com/s/P_Kp9ztc7U9w2ADIPluOYg，最后访问日期：2018年5月22日。

港澳台地区受案数量显著增加。一直以来,我国仲裁机构努力开拓国内和国际仲裁服务市场,积极进行仲裁服务营销和推广,并同国内外同行开展各类合作与交流活动,在涉外和涉港澳台地区的案源开拓上取得了优异的成绩。2016 年全国 251 家仲裁委员会共受理国内、涉外及涉港澳台地区案件共计 208,545 件,比 2015 年增加 71,621 件,增长率为 51%;案件标的总额 4695 亿元人民币,比 2015 年增加 583 亿元,增长率为 14%。其中,全国共有 62 家仲裁委员会受理涉外和涉港澳台地区案件,受理涉外和涉港澳台地区案件共计 3141 件,比 2014 年增加 1356 件,增长率为 76%,约占全国受理仲裁案件总数的 1.5%。[①] 可见中国仲裁具有极大的发展潜力,随着我国作为国际仲裁中心之一的趋势增强,我国涉外仲裁在解决国际商事争议方面的功能和优势日益凸显。

二、中国仲裁国际化的挑战与机遇

随着"一带一路"倡议的深入推进,我国正在从贸易大国向贸易强国转型,从以前的"引进来"到现在的"走出去"。在这新时期、新背景下中国仲裁的国际化发展将面临新的挑战和机遇。

(一)中国仲裁国际化的挑战

首先,国际仲裁市场的激烈竞争。亚太地区作为世界上最具发展潜力的区域,其仲裁服务市场的发展被全球主要商事仲裁机构看好,相关竞争日益白热化。然而,与国际上主要商事仲裁机构相比,我国相关仲裁机构仍有不小差距,尤其发展极不平衡,大多数仲裁机构缺乏办理涉外和涉港澳台地区案件的实践和经验。[②]

① 参见《中国国际商事仲裁年度报告(2016)》,载中国国际经济贸易仲裁委员会网:http://www.cietac.org.cn/index.php? m = Article&a = show&id = 14501,最后访问日期:2018 年 4 月 19 日。

② 《我国涉外商事仲裁国际化程度提升》,载中华人民共和国中央人民政府门户网:http://www.gov.cn/xinwen/2015-09/22/content_2937083.htm,最后访问日期:2018 年 5 月 20 日。

当前在来华进行国际贸易和投资过程中，尽管不少国外企业选择我国的仲裁机构解决争议，但仍有一些外商倾向于选择国际知名仲裁机构。比如，斯德哥尔摩商会仲裁院及国际商会仲裁院等，或者干脆不选择机构仲裁，而选择在外国临时仲裁。[①] 而且，目前我国香港国际仲裁中心（Hong Kong International Arbitration Centre，HKIAC）、国际商会仲裁院（International Chamber of Commerce，ICC）和新加坡国际仲裁中心（Singapore International Arbitration Centre，SIAC）都分别在上海自贸区设立了代表处或办公室。[②] 可以预见，未来我国将大力发展涉外法律服务业，我国的仲裁服务市场也将进一步国际化，来自国际仲裁机构的激烈竞争对我国仲裁员的专业化能力以及我国仲裁机构的国际化程度都提出了更高、更新的要求，仲裁规则要有更大开放性，仲裁员需更具国际化水平。对此，中国仲裁将积极面对，与国际仲裁规则和水平相接轨，进一步提高自身专业素养和服务质量以打造核心竞争力，同时参与各类经贸活动、密切与企业的联系以扩大宣传和案源。

其次，进行国际化发展的时间紧迫。根据《2015 年度中国企业“走出去”调研报告》显示，在“走出去”的中国企业中，有半数企业在国外遇到不同程度的民事诉讼、刑事诉讼、行政处罚和仲裁问题。另有相关调查显示，中国企业在境外的仲裁尤其是海事仲裁败诉率高达 95%，同时还要负担高额的仲裁成本。[③] 目前，随着“一带一路”倡议深入实施，“走出去”的中国企业越来越多，为保护我

---

① 《把中国建设成为国际仲裁中心》，载中国国际贸易促进委员会网：http://www.ccpit.org/Contents/Channel_3429/2016/0310/592878/content_592878.htm，最后访问日期：2018 年 5 月 20 日。

② 参见刘晓红、王徽：《中国引入国际商事仲裁机构的法律障碍与突破进路——基于中国自贸区多元化争议解决机制构建的几点思考》，载《苏州大学学报》（法学版）2016 年第 3 期。

③ 《把中国建设成为国际仲裁中心》，载中国国际贸易促进委员会网：http://www.ccpit.org/Contents/Channel_3429/2016/0310/592878/content_592878.htm，最后访问日期：2018 年 5 月 20 日。

国企业在海外的经贸投资利益,降低中国企业的仲裁成本,加深我国在国际商事仲裁领域的对外交流合作、把我国建设成为国际商事仲裁中心已迫在眉睫。因此,我国仲裁机构将以“十三五”规划“强化涉外法律服务”为契机,进一步创新国际仲裁合作新机制,加快国际化发展步伐,率先建立符合国际化要求的管理和服务体系,形成与国际投资、贸易通行规则相衔接的基本制度框架,争取早日建设成为具有较强国际竞争力的仲裁机构,为推动我国仲裁的国际化和现代化贡献力量。

(二)中国仲裁国际化的机遇

在面临上述挑战的同时,我国的涉外商事仲裁制度也日趋完善,这种蓬勃向上的大形势、大环境为中国仲裁立足国内、走向世界的国际化之路带来了绝佳的发展机遇。

首先,在“一带一路”倡议进一步实施的背景下,我国同“一带一路”沿线国家,尤其是同东南亚和欧盟国家的经济贸易交流将更加频繁,但是由于各国之间经济发展、法律制度及历史文化上的差异,在国际经贸活动进行的过程中,各国企业之间出现的国际经贸纠纷也将不断增加。大量的经贸纠纷需要得到及时公平地解决,否则相关经贸活动将会面临中断甚至是终止的风险,而仲裁以其当事人自治、灵活、高效、保密及裁决执行具有国际性等方面的优势受到了中外企业的广泛关注,成为解决争议、消除投资和贸易障碍的重要途径。经过改革开放以来30多年的发展,我国国内的一些仲裁机构,如中国国际经济贸易仲裁委员会、北京仲裁委员会、上海国际仲裁中心、武汉仲裁委员会和深圳国际仲裁院,已经具有一定的国际知名度和影响力,面对“一带一路”倡议下进入国际仲裁服务市场的宝贵机遇,它们将充分发挥自身的专家资源优势,进一步推进国际化建设，培育自身的仲裁文化，打造国际知名的仲裁品牌。

其次，“一带一路”沿线的60多个国家大部分是发展中国家，这些国家当中，仲裁机构比较发达、仲裁理论研究水平较高的国家不多，相对而言我国在国际商事仲裁领域具有一定的比较优势，这为我国商事仲裁机构的国际化发展带来很好的机遇。抓住机遇，提升专业水平、完善仲裁规则，积极服务沿线各国的企业，为当事人公平高效地解决相关贸易和投资纠纷，并且在进一步扩大国际案源、开辟海外仲裁服务市场的同时，积极开展对外交流合作，是我国仲裁机构的必然选择。面对“一带一路”倡议下挑战与机遇并存的新形势、新机遇、新问题，迎接挑战，我国仲裁机构应把握机遇，继往开来，砥砺前行，进一步加快自身国际化建设与发展，提升自身的国际影响力和公信力，提高中国仲裁在国际上的地位及话语权，为国内外企业化解矛盾、定分止争，为“一带一路”沿线区域维护公平良好的商贸秩序，创设互利共赢的贸易投资环境，为我国建设世界贸易强国服务。[①]

三、中国仲裁国际化的顶层考量

（一）仲裁国际化的目标

中国仲裁行业努力建设世界一流的国际化、专业化和品牌化的仲裁机构，其目标就是将我国打造为面向全球的亚太仲裁中心和国际仲裁高地，为把我国建设成为国际争议解决中心提供核心基础。这一目标不仅切实落实了中央立足于我国当前“一带一路”和自由贸易试验区建设的客观需要而提出的关于未来深化改革的

① 参见《大力发展国际商事仲裁提升国际化程度》，载中国行业研究网：http://www.chinairn.com/news/20151010/153917426.shtml，最后访问日期：2018年5月20日。

重要部署，也顺应了世界经济贸易中心需要布局世界一流仲裁机构的客观规律，是中国仲裁行业国际化建设的奋斗目标。

目前，我国已经成为世界双向投资大国，[①]随着“一带一路”倡议的继续推进和自由贸易试验区建设的全面展开，我国对外经贸交往将更加密切频繁。未来我国要实现从贸易大国向贸易强国的转型，为此需创造一个更加国际化和法制化的经贸环境，而建立一个健全的、与国际接轨的争议解决机制，确保公平、高效地处理经贸纠纷，是其中的关键所在。仲裁因其具有自治、灵活、高效的优势，成为解决国际经贸纠纷的重要方式，为国际社会广泛接受。

在2018年1月23日习近平总书记主持召开的中央全面深化改革领导小组第二次会议上通过的《关于建立“一带一路”争端解决机制和机构的意见》中明确强调，建立“一带一路”争端解决机制和机构，要坚持共商共建共享原则，依托我国现有司法、仲裁和调解机构，吸收、整合国内外法律服务资源，建立诉讼、调解、仲裁有效衔接的多元化纠纷解决机制，依法妥善化解“一带一路”商贸和投资争端，平等保护中外当事人合法权益，营造稳定、公平、透明的法治化营商环境。[②] 另外，此前在2015年，国务院也明确提出要在上海自贸区进一步对接国际商事争议解决规则，优化自贸试验区仲裁规则，支持国际知名商事争议解决机构入驻，提高商事纠纷仲裁国际化程度。探索建立全国性的自贸试验区仲裁法律服务联盟

① “United Nations Conference on Trade and Development：World Investment Report 2017”，available at http：//unctad. org/en/pages/PublicationWebflyer. aspx？ publicationid = 1782（last visited March 2，2018）.

② 参见新华社：《深改小组通过〈关于建立“一带一路”争端解决机制和机构的意见〉》，载人民网：https：//www. yidaiyilu. gov. cn/xwzx/roll/45584. htm，最后访问日期：2018年3月19日。

和亚太仲裁机构交流合作机制，加快打造面向全球的亚太仲裁中心。[①]

世界经济贸易中心都布局着一流的仲裁机构，如美国仲裁协会是世界上最大的冲突处理和争议解决机构，其总部就设在纽约市，英国的伦敦国际仲裁院、瑞士苏黎世商会仲裁院、法国巴黎的国际商会仲裁院、瑞典斯德哥尔摩商会仲裁院、新加坡国际仲裁中心、日本东京的商事仲裁协会等也是如此，这些仲裁机构对当地经济贸易的发展也起到重要作用。[②] 我国作为"一带一路"沿线地区最大的经济体，必须应该拥有世界一流的仲裁机构，成为世界主要的仲裁中心，这既是对"一带一路"地区法治营商环境的保障，也是对沿线经贸合作的促进。而把中国建成国际仲裁中心的核心要义，是把中国打造成国际仲裁的目的地，只有当事人真正愿意把纠纷放到中国仲裁解决，尤其是把仲裁地放在中国，才能够真正把中国建设成为国际仲裁中心。[③]

因此，在当前的发展局面和时代背景下，中国仲裁应当勇立潮头、不负使命，在提高国际化认识和明晰国际化战略的基础上，不断强化国际化措施。在国际化发展过程中，我国的仲裁机构需要认真思考仲裁国际化的这一战略目标的内涵，向着努力打造高端化、更具有竞争力、更可持续性发展的国际商事仲裁的道路不断前进，多措并举，立足中国，面向世界，努力发展成为具有较强国际影响力和竞争力的国际商事仲裁机构，打造国际仲裁高地，为把我国

---

① 具体规定参见《进一步深化中国（上海）自由贸易试验区改革开放方案》（国发〔2015〕21号）。

② 参见陈忠谦：《动粤港澳仲裁合作，创造国际化营商环境》，载《仲裁研究》2013年第2期。

③ 参见《中国成为国际仲裁中心需四个要件 2017年上海国际仲裁周纵论》，载法制网：http://www.legaldaily.com.cn/index/content/2017-03/16/content_7056256.htm? node=20908，最后访问日期：2018年4月28日。

建设成为国际争议解决中心提供核心的硬件基础。

(二)提高国际化的认识

在深刻理解中国发展趋势和世界未来形势的基础上,我国仲裁机构需明确自身使命和价值,从大格局、大视野提高国际化的认识,全面深入理解加快国际化建设步伐的重要意义。

首先,加快中国仲裁国际化发展步伐顺应世界经济全球化、区域经济一体化的国际宏观形势,符合我国"一带一路"倡议的发展需要。经济全球化和市场经济繁荣的同时,不可避免地会产生各种贸易投资纠纷。而"一带一路"沿线区域中的东亚和东南亚是全球最具发展活力的区域,作为亚太地区的核心对世界经济发展举足轻重,经济发展所需的良好安全的商业环境离不开法制的保障,而公正高效的争议解决机制是其中最为重要的一环。[①] 仲裁以其当事人自治、程序灵活、高效保密及裁决执行具有国际性等方面的优势而被世界各国广泛接受,成为解决国际商事争议的主要途径。

其次,国际商事仲裁制度的本质属性和特点要求中国仲裁必须坚持国际化道路。仲裁的本质属性当属契约性,这是因为作为契约的仲裁协议是启动仲裁程序的先决条件,是仲裁一切约束力的起源。[②] 国际商事仲裁制度基于其本质上的契约性还呈现出高度的自治性和广泛的国际性的特点。[③] 仲裁双方当事人就仲裁组织、仲裁地点、仲裁员、仲裁程序和仲裁规则、裁决争议所适用的实体法享有呈现广泛国际性的自由选择权。就便利于解决商业纠纷、降低交易成本而言,仲裁天生就具有国际性且敏于适应商业变

① 参见赵爱玲:《商事仲裁国际化势在必行》,载《中国对外贸易》2013 年第 7 期。

② 参见韩德培主编、肖永平副主编:《国际私法》,高等教育出版社、北京大学出版社 2007 年第 2 版,第 545 页。

③ 同上书,第 540 页。

迁，这就决定了中国仲裁走向国际化的必然性。[1] 一个仲裁机构的生命力正是来源于双方当事人于仲裁协议中对其的选择和授权，只有一个仲裁机构的专业素养和服务水平足够高，当事人才会愿意选择在该仲裁机构解决争议。因此，每个仲裁机构都必须努力实现国际化发展，紧随世界与国际商事交易的普遍规则和惯例接轨，包容开放吸收世界各国优秀的专业人士作为仲裁员，完善创新使仲裁程序和规则灵活方便高效，从而在国际商事仲裁服务市场上保持足够的竞争力、得到争议双方的认同和选择。

综上可见，经济全球化和“一带一路”倡议客观上刺激了国际商事仲裁市场的巨大需求，而国际商事仲裁制度契约性的本质以及国际性和自治性的特点更是要求仲裁机构重视国际化、实现国际化。因此，我国仲裁机构应不断提高国际化认识，加快国际化建设脚步。

（三）明晰国际化的战略

在提高国际化的认识基础上，中国仲裁还需要把握未来国际商事仲裁的发展趋势，从而明晰相应的国际化战略，找准未来一段时期内中国仲裁国际化建设的突破和着眼点。

国际商事仲裁随着世界经济一体化进程而快速发展，成为解决国际贸易投资纠纷的主要途径之一，并呈现出以下发展趋势：第一，国际商事仲裁的产业化发展趋势，即仲裁机构是向当事人提供有偿服务，并积极进行营销，努力做大事业；第二，国际商事仲裁行为的国际化与多样化；第三，国际商事仲裁人才培养、仲裁合作、文

① 宋连斌：《中国仲裁的国际化、本土化与民间化——基于2004年〈北京仲裁委员会仲裁规则〉的个案研究》，载《暨南学报》（哲学社会科学版）2006年第5期。

化交流日趋活跃，在一定程度上推动仲裁制度的国际统一化趋向。[①]

鉴于上述发展趋势，为有效应对新领域、新类型纠纷，公平迅速地解决国际商事争议，以及裁决能够在国际范围内得到广泛承认与执行，中国仲裁需要将以下三个方面作为国际化战略的突破和着眼点：首先，案件来源的国际化，中国仲裁机构应当积极进行仲裁服务营销，以"一带一路"沿线地区为重点扩大中国仲裁的国际影响力，积极参与国际展会，设立驻海外机构，加强与外方在中国的机构的联系与合作，走访大型涉外企业等高端客户，在全世界范围内争取大标的额的优质案源。其次，专业水平和服务质量要达到国际一流，中国仲裁机构要苦练内功，提高仲裁员队伍的国际化和多样化程度，加强对工作人员专业素养和英语水平的培训，进一步尊重和强化当事人意思自治，在仲裁员、仲裁地点、仲裁规则的选择方面给予当事人更多的自由。比如，借鉴国际商会仲裁院和新加坡国际仲裁中心的做法，设置仲裁员名册但允许当事人在一定条件下选择仲裁员名册以外的人士包括外国仲裁员。[②] 最后，打造国际仲裁服务品牌，树立中国仲裁高端形象，在与国际规则接轨的同时，提供具有中国特色的仲裁服务。比如，"仲裁与调解相结合"这种中国创新的做法，符合世界多元化争议解决方式发展的潮流与趋势，在国际上被誉为"东方经验"，受东方文化影响的当事人或代理人大多比较接受这种做法，且效果良好。[③] 此外积极探索

① 参见张俊来：《未来国际商事仲裁的发展趋势》，载《对外经贸实务》2006 年第 2 期。

② 参见廉高波、刘雪红：《论国际化趋向下国际商事仲裁中心的构建——以西安国际商事仲裁中心为例》，载《西安电子科技大学学报》（社会科学版）2014 年第 6 期。

③ 《大力发展国际商事仲裁提升国际化程度》，载中国行业研究网：http://www.chinairn.com/news/20151010/153917426.shtml，最后访问日期：2018 年 5 月 20 日。

网上仲裁这种新兴仲裁方式,以方便国际当事人、降低仲裁成本。

四、中国仲裁国际化的措施

(一)深化国际交流与合作

国内仲裁机构在国际化发展进程中,出于内外两方面原因,需要积极参与国际交流与合作,以融入国际主流行列。首先是内部原因。与国际上著名的仲裁机构相比,我国国内仲裁机构起步较晚,在仲裁服务的整体水平上仍存在一定的提高空间,国际知名度和案源案件质量也存在差距,并且缺乏在国际仲裁市场上的话语权。因此,在成长提高的过程中,国内仲裁机构需要正视差距,通过国际交流合作,努力向国际主流仲裁机构学习,提高自身的水平。其次是外部原因。近年来,不同国家、不同法系、不同仲裁机构之间的仲裁法律规范及仲裁实践的差异也在日益缩小。国际商事仲裁机制日益趋同,仲裁正逐步演变成为真正的万民法。[①] 国际商事仲裁在立法上呈现由各国分散式立法向国际社会统一制定国际公约及法律文件转变的趋势。[②] 这种发展趋势的产生主要是因为各国仲裁机构为了满足国际社会商事交易规则统一、快捷高效的需要,彼此积极沟通交流、进行合作,从而取长补短、减少分歧。为满足国际商事交往这种统一规则、高效解决争议的需要,国内仲裁机构必须积极参与国际交流合作,顺应国际仲裁发展趋势、努力融入世界主流。

自改革开放以来,中国仲裁机构与外国仲裁机构的合作交流日渐密切频繁,在国际交流和合作的过程中不断学习进步,推动国

① 参见赵爱玲:《商事仲裁国际化势在必行》,载《中国对外贸易》2013 年第 7 期。

② 参见曹培忠、周艳波、范士卫:《论"入世"条件下中国仲裁制度的国际化》,载《浙江海洋学院学报》(人文科学版)2004 年第 1 期。

际争议解决效率的提高，如武汉仲裁委在联合调解（Joint conciliation）上取得了令人瞩目的成果。联合调解是由双方当事人所在国的仲裁机构各自指定调解员来共同进行调解，从当事人的角度来看，对其本国的调解员的信任关系有利于促进调解过程的进行以及对其自愿达成协议的自动履行；从调解员角度来看，来自不同国家以及不同文化背景的仲裁员，在调解过程中更能够考虑到双方当事人之间发生争议的文化差异和法律根源，彼此为对方调解员提供诚实协助，从而根据公平善意的原则主持调解，提出行之有效的建议。① 目前，武汉仲裁委通过与国际仲裁机构间的联合协作以实现涉外仲裁案件解决的“效率优先，兼顾公平”，目前其已与国际仲裁协会、美国仲裁协会、英国伦敦国际仲裁中心、法国国际商会仲裁院、新加坡国际仲裁中心以及中国香港仲裁学会等国际知名仲裁机构建立了密切联系，通过合作实现仲裁员、调解员及有关信息的资源共享，使国际仲裁院有能力与这些国际商事仲裁机构、调解机构合作进行联合调解，就地解决企业在涉外经营活动中所产生的争议或纠纷，从而更大程度地节约企业解决涉外纠纷的成本，提高企业解决纠纷的效率。

此外，一些国内主要仲裁机构还与世界诸多国家和地区的知名仲裁机构建立了合作交流机制。比如，目前，深圳国际仲裁院已经与非洲共同建设了中非联合仲裁中心深圳中心；与世界银行国

① 目前，联合调解已逐渐引起了国际上的广泛关注。联合国国际贸易法委员会在制定向全世界推荐的调解规则时，特别重视联合调解的做法和经验。1982 年 6 月在西德汉堡召开的第七届国际仲裁大会上，中国受国际商事仲裁委员会邀请在联合调解方面的实践作了介绍，报告受到大会主席及各国代表的重视。如今，瑞典、美国、加拿大、澳大利亚、德国和中国香港特别行政区等地的仲裁机构都有联合调解。美国的霍兹曼在其《解决中美贸易纠纷的新观察》一书中，详细介绍了运用联合调解解决两个中美贸易争议的具体过程并给予联合调解很高的评价。参见［美］Lela P. Love、Joseph B. Stulberg：《联合调解实务指南：两人智慧胜一人》，方健译，载《北京仲裁》2010 年第 2 期；姚毅：《试论解决涉外经济贸易争议的联合调解制度》，载《中国法学》1990 年第 1 期。

际争端解决中心、世界贸易组织上诉机构、联合国贸法会、国际商会仲裁院四大国际组织建立了不同形式的合作关系；在北美设立了首个海外庭审中心，在中国法学会的支持下与上海国仲等仲裁机构共同扩大了中非联合仲裁中心的合作面。[①] 贸仲委积极参与全球仲裁事务，应邀作为非政府组织观察员参加联合国贸易法委员会会议，深度参与国际规则制定，不断为国际仲裁的健康发展贡献“中国智慧”；并且，贸仲委的历任领导曾应邀担任国际商事仲裁理事会管理委员会委员、亚太区域仲裁组织主席等职务，深入参与全球仲裁治理；目前，贸仲委已与世界近50个国家和地区的主要仲裁机构签署双边合作协议。[②]

2018年6月5日，中非联合仲裁上海中心、中非联合仲裁北京中心、中非联合仲裁深圳中心、中非联合仲裁约翰内斯堡中心、中非联合仲裁内罗毕中心在内罗毕举行了联席工作会议。各中心达成共识，还将在中非仲裁员资源的共享、仲裁员的培训和交流、中非联合仲裁规则的制定等方面推进合作。

（二）重视开拓国际案源

随着经济全球化进程的加快，世界经济作为一个大市场，而仲裁作为服务贸易的一个产业同样属于全球竞争的一个市场……不应当局限于特定的地区。[③] 2016年，斯德哥尔摩商会仲裁院（Arbitration Institute of the Stockholm Chamber of Commerce，SCC）的案件当事人来源于44个国家和地区，国际商会仲裁院则达到

① 《建设国际仲裁高地打造一流营商环境　深圳两家仲裁机构合并的台前幕后》，载《法制日报》2018年1月15日，仲裁专版。

② 《中国仲裁的国际品牌　国际仲裁的中国经验——中国贸仲委副主任王承杰谈贸易仲裁作用和影响》，载《新华日报》2018年1月18日，第4版。

③ 参见赵秀文：《21世纪中国国际仲裁法律制度现代化与国际化的发展方向》，载《河南省政法管理干部学院学报》2001年第3期。

137个国家和地区。[1] 我国仲裁机构要想成为国际一流的仲裁机构,就要具有更强的国际公信力,对此,当事人来源分布的广泛性是重要指标之一。因此,中国仲裁行业在国际化发展道路上,应当格外重视开辟海外仲裁服务市场,拓展国际仲裁案源,在同世界一流仲裁服务机构的良性竞争中,不断提高自身的专业化程度和品牌知名度。随着中国企业更多地走出去,建设国际仲裁的中国高地和中国主场是中国仲裁的时代使命。比如,我国的深圳国际仲裁院已经服务来自113个国家和地区的当事人,下一步将继续提升国际化水平,向世界主要仲裁机构看齐,扩大特区仲裁当事人结构的全球化布局,打造国际影响力。[2]

为突破特定区域所带来的地理局限,国际上一些知名仲裁机构通常寻求在海外设立机构实体,以更好地服务世界各地的客户。例如,国际商会仲裁院总部在巴黎,斯德哥尔摩仲裁院总部在瑞典,伦敦国际仲裁院总部在伦敦,随着亚太地区经济的迅速发展,这些国际一流商事仲裁机构纷纷在亚太地区设立办公室,从而更好地推广自己的仲裁服务,吸引当地的当事人选择它们进行仲裁。[3] 未来,在国际化发展的道路上,中国仲裁机构需要审时度势、合理评估,结合自身的发展需要,在全球经济发达地区和经济发展迅速的地区增设海外办事机构,帮助自身在国际仲裁市场进行宣传、开展业务。特别是在今后一段时期,为更好地把握"一带一路"倡议所带来的良好发展机遇,要抓住重点进行布局,主要在"一带

① 《建设国际仲裁高地打造一流营商环境　深圳两家仲裁机构合并的台前幕后》,载《法制日报》2018年1月15日,仲裁专版。

② 同上。

③ 参见曹培忠、周艳波、范士卫:《论"入世"条件下中国仲裁制度的国际化》,载《浙江海洋学院学报》(人文科学版)2004年第1期。

一路”沿线的东南亚地区、西亚北非地区以及西欧地区设立海外办事机构，将它们作为我国仲裁行业推进国际化建设的桥头堡。

除了设立海外办事机构，国际展会也是宣传和推广中国仲裁行业的重要平台。武仲国际仲裁院自成立以来，积极参加中博会、国际机电博览会、国际汽车工业展览会、中非合作论坛、武洽会等国际重大会展活动，充分利用其对于国际经贸合作的展示和促进作用，在对国内外企业提供法律咨询服务的同时，也对国际仲裁法律制度及武仲国际仲裁院进行广泛宣传，展示了武仲“积极、专业、权威”的机构形象，以及武仲“融入市场经济，为市场主体服务”的工作理念，逐渐打破过去国际商事贸易中普遍存在的“本国倾向主义”，[①]取得了外国潜在客户的了解和信任，拓宽了自身的案件来源。

此外，我国仲裁机构还应该采取以下五个方面的措施进一步开辟国际案源，形成自身的专业化形象和品牌化效应。第一，为走出国门的外向型中资企业提供跟踪服务及延伸服务，不断密切与企业之间的联系，形成常态化的调研和走访机制，培养“案源基地”，包括组织各类培训活动、推荐仲裁示范条款、推广确认仲裁、联合调解服务、协助执行服务。第二，持续加强与在华外企及其行业协会工作联系，积极与境外商会和行业协会建立合作关系，将发展重点放在欧盟、东盟、中亚、西亚和北非等“一带一路”沿线的国家和地区。第三，抓住发展机遇，敏锐洞察外商投资过程中的热点

① 商人、公司、企业等民商事主体并不太习惯适用对方当事人所在国的法律来调整他们之间的商事关系，也不太希望一个其并不信任的外国法院解决由此产生的争议或纠纷，即“本国倾向主义”。美国及欧洲人似乎对此更为敏感，虽说他们大多与社会主义国家的公司、企业打交道、做生意，但他们并不十分相信这些国家的司法制度，对社会主义国家的法律或仲裁规则充满质疑。参见郭玉军、李洁：《国际商事仲裁成本优势初探》，载《北京仲裁》2004 年第 3 期。

问题,依托我国知名高校和科研机构加强国际仲裁理论研究力度,对重大理论和实践问题进行联合研究,攻坚克难。第四,与知名涉外律师事务所合作,学习借鉴其开拓国际市场的经验,并虚心听取其对仲裁质量的反馈意见。第五,充分利用互联网、新媒体宣传和推广中国仲裁服务业,重视打造宣传我国仲裁机构的新阵地和新平台。

(三)吸纳更多外籍仲裁员

"仲裁的好坏取决于仲裁员"(arbitration is only as good as arbitrators)是国际仲裁界的经典格言,包含了当事人和社会对仲裁的合理合法期望。[①] 的确,一个仲裁机构的专业水平关键取决于该仲裁机构仲裁员的专业素养,当事人选择在某个仲裁机构组成仲裁庭审理他们之间的争议主要是出于对组成仲裁庭的仲裁员的信任,一支高水平的仲裁员队伍是一个仲裁机构的金字招牌。尤其是涉外仲裁案件,对仲裁员的各方面素质提出更高的要求,仲裁员队伍具备国际化水准的高素质,才有利于推动中国仲裁事业国际化程度的实质发展。

鉴于未来中国仲裁行业将加快国际化发展进程,并重点在"一带一路"沿线地区参与国际商事仲裁服务市场的竞争,出于以下两点考虑,中国仲裁机构需要进一步提高自身仲裁员队伍的国际化水平,增加外籍仲裁员的比例。首先,每个国家的仲裁员相对于其他国家仲裁员而言更加熟悉其本国法律,在裁决国际商事争议时,由于案件的复杂性,一个案件中包含的不同法律问题往往需适用

① Stephen R. Bond,"The International Arbitrator:From the Perspective of the ICC Inter-national Court of Arbitration", *Northwestern Journal of International Law and Business*, Vol. 12, Issue 1 Spring1991, p. 1.

不同国家的法律作为准据法。因此，增加来自不同国家的仲裁员，可以确保当事人能够选择熟悉案件准据法的专家组成仲裁庭，从而公正高效的解决纠纷。其次，一般而言，一国本土的仲裁员相对于其他国家的仲裁员而言在其本国更具有知名度和影响力。如果中国仲裁行业希望尽快打开国际仲裁服务市场，可以考虑聘任更多的外籍仲裁员，充分发挥外籍及中国港澳台地区仲裁员的区域优势，借助他们的声誉和口碑来提高仲裁机构的国际知名度。[①]

在提升仲裁员国际化程度方面，我国一些知名的仲裁机构都取得了不错的成绩。华南国际经济贸易仲裁委员会是中国商事仲裁国际化的探索者，1984 年在中国率先聘请境外仲裁员。[②] 2014 年华南国仲通过了仲裁员增聘方案，仲裁员结构的国际化和专业化的程度进一步提高。目前，华南国仲共有 870 名仲裁员，覆盖 50 个国家和地区，其中境外仲裁员有 353 名，占仲裁员总数的 40.6%，扩大了涉外商事纠纷当事人选择仲裁员的空间，也进一步强化了华南国仲的国际化形象。[③] 贸仲委自 2014 年 5 月 1 日起施行新一届仲裁员名册，共聘任 1212 名仲裁员，其中，中国内地仲裁员 880 名，占仲裁员总数的 72.6%；中国港澳台地区及外籍仲裁员共 332 人，占仲裁员总数的 27.4%。中国内地仲裁员来自全国 28

① 参见孙南翔：《国际商事仲裁员资格特征研究——兼评我国贸仲委选聘仲裁员之实践》，载《国际经济法学刊》2013 年第 1 期。

② 参见《华南国际经济贸易仲裁委员会机构简介》，载华南国际经济贸易仲裁委员会网：http://www.scietac.org/web/doc/view/1.html，最后访问日期：2018 年 4 月 23 日。

③ 参见《华南国仲仲裁员国际化专业化水平再提高》，载华南国际经济贸易仲裁委员会网：http://www.scietac.org/web/news/notice_detail/1319.html，最后访问日期：2018 年 4 月 20 日；《深圳：打造全球一流仲裁中心》，载深圳新闻网：http://www.sznews.com/news/content/2017-12/22/content_18073981.htm，最后访问日期：2018 年 5 月 2 日。

个省市区的 51 个城市;外籍仲裁员来自世界 42 个国家和地区。[①]北京仲裁委员会现聘有 553 名仲裁员,来自 26 个不同的国家和地区,其中中国港台地区的仲裁员 23 名,外籍仲裁员 115 名。[②] 此外,上海国际仲裁中心的 909 名仲裁员中有 348 名是境外仲裁员,占总数的 38.28%,国际上尤其是亚太地区的知名仲裁员基本上都在上海国际仲裁中心的仲裁员名册内。[③]

总体而言,为了适应"一带一路"倡议下国际化发展的需要,中国仲裁机构应努力提高仲裁员的国际化程度,不仅要在数量上增聘更多的外籍仲裁员,而且要注重仲裁员国籍的多元化,尤其要尽快聘任一批来自"一带一路"沿线国家和地区的高水平仲裁员,以便在国际市场上广泛开拓案源,吸引不同国家的当事人,并为我国创造国际化、法治化的商贸环境做出贡献。

(四)适度开放仲裁服务市场

仲裁作为解决争议的方法之一,是在长期的商事交易实践中自发形成的。从 1892 年伦敦仲裁会[④]起,在过去的 100 多年间,世界各地纷纷设立了专门的仲裁服务机构。尤其是在经济全球化的今天,作为服务贸易的一个重要市场,全球仲裁服务市场的竞争已经到了白热化的程度。[⑤]

随着我国对外经济贸易往来愈加密切频繁,相关国际经贸投

---

① 参见《〈中国国际商事仲裁年度报告(2014)〉数据精华版》,载中国国际经济贸易仲裁委员会网:http://www.cietac.org.cn/index.php? m = Article&a = show&id = 2723,最后访问日期:2018 年 4 月 23 日。

② 参见"北仲简介",载北京仲裁委员会网:http://www.bjac.org.cn/page/gybh/introduce_index.html,最后访问日期:2018 年 4 月 23 日。

③ 参见《人物专访:上海国际仲裁中心秘书长马屹》,载 http://mp.weixin.qq.com/s? __biz = MzA5MjU5MzgyNg = = &mid = 2652350844&idx = 1&sn = d15d4a61e61c615e6262c221d9465264&mpshare = 1&scene = 23&srcid = 0501IFxrnxaCmyyCY2Cyq3Hn#rd,最后访问日期:2018 年 5 月 1 日。

④ 1981 年更名为伦敦国际仲裁院。

⑤ 参见赵秀文:《中国仲裁市场对外开放研究》,载《政法论坛》2009 年第 6 期。

资纠纷也伴随增长，适度开放我国仲裁市场，允许外国仲裁机构在我国开展仲裁活动，可以极大地方便中外当事人在华进行争议解决，维护有关当事人的合法利益，保障国际经贸活动的顺利进行，为进一步推进"一带一路"倡议和深化沿线国家经贸合作提供法律服务配套。此前，最高人民法院在2013年关于龙利得案[①]和北仑利成案[②]的复函中早已明确肯定了在国际贸易合同中双方当事人约定相关纠纷由国际仲裁机构在中国内地进行仲裁的仲裁协议有效。然而，开放国内仲裁服务市场并不仅仅是单纯的一个法律问题，还涉及我国在"一带一路"背景下全面深化对外开放的重大政策。

根据2015年国务院批准的《进一步深化中国（上海）自由贸易试验区改革开放方案》规定，在上海自由贸易实验区，支持国际知名商事争议解决机构入驻，提高商事纠纷仲裁国际化程度，加快打造面向全球的亚太仲裁中心。[③] 2018年1月23日习近平总书记主持召开的中央全面深化改革领导小组第二次会议上通过了《关于建立"一带一路"争端解决机制和机构的意见》，该意见中更是明确强调，要坚持共商共建共享原则建立"一带一路"争端解决机制和机构，依托我国现有司法、仲裁和调解机构，吸收、整合国内外法律服务资源，从而营造稳定、公平、透明的法治化营商环境。[④] 目前，中国香港国际仲裁中心、国际商会仲裁院和新加坡国际仲裁中心

---

① 参见《最高人民法院关于申请人安徽省龙利得包装印刷有限公司与被申请人 BP Agnati S. R. L 申请确认仲裁协议效力案的请示的复函》，〔2013〕民四他字第13号。

② 参见《最高人民法院关于宁波市北仑利成润滑油有限公司与法莫万驰公司买卖合同纠纷一案仲裁条款效力问题请示的复函》，〔2013〕民四他字第74号。

③ 具体规定参见《进一步深化中国（上海）自由贸易试验区改革开放方案》（国发〔2015〕21号）。

④ 参见新华社：《深改小组通过〈关于建立"一带一路"争端解决机制和机构的意见〉》，载人民网：https://www.yidaiyilu.gov.cn/xwzx/roll/45584.htm，最后访问日期：2018年3月19日。

都已分别在上海自贸区设立了代表处或办公室。[①]

总之,在当前的宏观形势下,适度开放我国的仲裁服务市场,符合我国的发展需要。一方面,发展涉外法律服务业需要适度开放我国的仲裁服务市场。允许境外仲裁机构在中国内地仲裁将促使我国涉外法律服务机构在良性竞争中稳步提高,有助于我国涉外法律服务业的发展,是对落实中央全面深化改革领导小组第二十四次会议通过的《关于发展涉外法律服务业的意见》的积极探索。另一方面,我国建设面向全球的亚太仲裁中心需要适度开放我国的仲裁服务市场。允许境外仲裁机构在中国内地仲裁,不仅有助于减少与我国国际仲裁普遍实践不一致的、限制我国仲裁事业发展的机制,改变境外法院、机构和当事人对我国的偏见;还可以有效地整合、吸收国内外法律服务资源,提高我国商事纠纷仲裁的国际化程度,提升中国仲裁服务业的公信力,为我国建设面向全球的亚太仲裁中心积累国际信誉和口碑。[②]

Abstract China's arbitration system was first established in the 20th century. After the founding of People's Republic China, the degree of internationalization of China's arbitration legislation and practice has been continuously improved; the relevant laws and rules have been constantly perfected; the dual-track system of domestic arbitration and foreign-related arbitration institutions was reformed; the arbitration rules has kept pace with the times; the organizational

① 参见刘晓红、王徽:《论中国引入国际商事仲裁机构的法律障碍与突破进路——基于中国自贸区多元化争议解决机制构建的几点思考》,载《苏州大学学报》(法学版)2016年第3期。

② 参见李庆明:《境外仲裁机构在中国内地仲裁的法律问题研究》,载《环球法律评论》2016年第3期。

structure of arbitration institutions has been in line with international practice; the judicial review of arbitration tends to be moderate and modest; the number of cases involving foreign and Hong Kong SAR's, Macao SAR's and Taiwan Region's affairs has been increasing continuously and significantly. With the further development of the "Belt and Road" initiative, the development of China's arbitration will face new challenges and opportunities. Therefore, the China's arbitration industry should set up the goal of internationalization; enhance the understanding of internationalization; clarify the strategy of internationalization; and strive to build first-rate arbitration institutions, which will not only help to build China into the Asia-Pacific arbitration center and international arbitration highland, but also provide support for the establishment of a stable, fair and transparent business environment governed by the rule of law. Specifically, the following four measures should be adopted: deepening international exchanges and cooperation, attaching importance to the development of international sources of cases, recruiting more foreign arbitrators, and appropriately opening up the arbitration service market of China.

Keywords Internationalization of Arbitration China's Arbitration Development of Arbitration

中国仲裁裁决撤销与不予执行制度的回顾、现状与展望

——兼评最高人民法院关于仲裁最新司法解释的相关规定

牛　鹏[*]　黄雄义[**]

摘　要　仲裁裁决的撤销与不予执行是司法监督仲裁的两种重要方式，但由于立法在一些具体规定和两种方式的衔接上存在不完善之处，实践中这两种方式常被当事人滥用以拖延执行，其积极效果大打折扣。本文在回顾我国仲裁裁决撤销与不予执行制度发展历程的基础上，结合最高人民法院关于仲裁最新司法解释的相关规定对该制度的现状进行了介绍和评析。最后，通过对现状的介绍和评析把握我国仲裁裁决撤销与不予执行制度的完善方向。

关键词　仲裁裁决　撤销　不予执行　司法解释

基于仲裁的民间属性以及国家立法赋予仲裁裁决和司法判决

[*] 武汉大学法学院博士研究生。

[**] 武汉大学法学院博士研究生。

等同的法律效力，司法对仲裁进行适度监督已成为国际社会的通行做法。[①] 概括而言，司法对仲裁进行监督的方式主要包括对仲裁协议的效力认定以及对仲裁裁决的撤销与不予执行。[②] 其中，法院过早介入仲裁程序对仲裁协议的效力进行认定既侵害了仲裁庭的自裁管辖权也可能导致法院借此与仲裁争抢或推脱案源，[③]由此仲裁裁决的撤销与不予执行无疑成为司法监督仲裁最重要的方式，它的发展和完善将直接关系仲裁公信力的建设和仲裁事业的发展。2017 年 5 月以来，最高人民法院相继颁布了一份关于仲裁的通知[④]和 3 部关于仲裁的司法解释，[⑤]其中有多条直接涉及仲裁裁决撤销与不予执行的规定，体现了最高人民法院对仲裁裁决撤销与不予执行制度的重视。本文拟在回顾我国仲裁裁决撤销与不予执行制度发展历程的基础上，结合这些通知和司法解释对其最新发展作一初步探讨，并指出未来完善过程中需要注意的问题，以求教于学界。

一、回顾：我国仲裁裁决撤销与不予执行制度的发展历程

仲裁裁决撤销与不予执行制度是伴随着现代仲裁制度在我国的确立而发展的，以《仲裁法》的颁布实施、仲裁法司法解释的颁布实施和《民事诉讼法》的修改为节点，它在我国的发展历程可以划分为四个阶段。

---

① 参见乔欣：《仲裁权论》，法律出版社 2009 年版，第 297 页。

② 仲裁案件的证据保全和财产保全因不涉及对仲裁案件司法监督权的行使，不属于严格意义上仲裁司法监督的范畴。

③ 参见马占军：《1994 年中国仲裁法修改及论证》，载《仲裁研究》2006 年第 2 期。

④ 最高人民法院《关于仲裁司法审查案件归口办理有关问题的通知》（法〔2017〕152 号）。

⑤ 分别为 2017 年 12 月 26 日发布的《关于仲裁司法审查案件报核问题的有关规定》（法释〔2017〕21 号）、《关于审理仲裁司法审查案件若干问题的规定》（法释〔2017〕22 号），以及 2018 年 2 月 23 日发布的《关于人民法院办理仲裁裁决执行案件若干问题的规定》（法释〔2018〕5 号）。

(一)制度确立阶段(1991～1994年)

《仲裁法》颁布实施前,1991年《民事诉讼法》中就已经包含了不予执行仲裁裁决的相关规定,该法第217条和第260条分别对申请不予执行国内仲裁裁决和申请不予执行涉外仲裁裁决的条件进行了明确。但值得注意的是,1991年《民事诉讼法》并未对撤销仲裁裁决作出规定,有研究者认为出现这一情形的原因在于1991年《民事诉讼法》颁布时,仲裁裁决代表的是政府意志,具有一般具体行政行为的确定力、拘束力、公定力和执行力,不存在是否有法律效力的问题,法院仅可以通过不予执行否定仲裁裁决的执行效力。[①] 此后,直至1994年《仲裁法》在第58条和第70条分别规定了申请撤销国内仲裁裁决和申请撤销涉外仲裁裁决的条件,仲裁裁决的撤销制度才得以确立。

可以说,1991年《民事诉讼法》和1994年《仲裁法》确立了我国仲裁裁决撤销与不予执行制度的框架和雏形,但此时的规定较为粗略且存在冲突之处,导致实践中出现种种问题。一方面,由于缺乏细化规定导致在某些具体问题的处理上各地法院做法不一,如若当事人认为法院对撤销或不予执行仲裁裁决申请作出的裁定有错误而上诉或申请再审,法院是否受理;若当事人在撤销仲裁裁决申请被驳回后,再以相同理由提出不予执行仲裁裁决申请,法院是否受理等问题。另一方面,由于立法在撤销和不予执行国内仲裁裁决的审查标准上规定不统一,[②]使得某些案件虽然被驳回了撤销仲裁裁决的申请但却被执行法院支持了不予执行的申请,事实

① 参见陈忠谦:《论仲裁裁决的撤销与不予执行——兼谈中国仲裁法的修改》,载《仲裁研究》2006年第2期。

② 参见我国《仲裁法》第58条、1991年《民事诉讼法》第217条。

上否定了驳回撤销仲裁裁决申请的效力。

(二)初步发展阶段(1994 ~2006 年)

在这一阶段,针对仲裁裁决撤销与不予执行制度实践中出现的种种问题,最高人民法院先后通过一系列批复和通知对我国仲裁裁决撤销与不予执行制度进行了发展,主要表现在以下三个方面:第一,通过多次批复明确当事人对法院撤销仲裁裁决或驳回撤销仲裁裁决申请的裁定无上诉权、申请再审权,检察院无提起抗诉权;当事人对法院不予执行仲裁裁决的裁定无申请再审权。① 第二,以通知的形式确立了撤销和不予执行涉外仲裁裁决的"内部报告"制度,明确在裁定撤销或不予执行涉外仲裁裁决前需报最高人民法院审核,待最高人民法院答复后,方可裁定撤销或不予执行仲裁裁决。② 第三,通过批复初步确立了仲裁裁决的部分撤销制度,对我国仲裁机构作出的仲裁裁决若存在超裁问题,只要超裁事项与其他事项可以分割,则人民法院应仅裁定撤销超裁部分。③

(三)规范化发展阶段(2006 ~2012 年)

最高人民法院的相关批复和通知虽在一定程度上发展了我国仲裁裁决撤销与不予执行制度,但这些批复和通知多是针对个案

---

① 这些批复包括:最高人民法院《关于当事人因对不予执行仲裁裁决的裁定不服而申请再审人民法院不予受理的批复》(法复〔1996〕8 号);最高人民法院《关于人民法院裁定撤销仲裁裁决或驳回当事人申请后当事人能否上诉问题的批复》(法复〔1997〕5 号);最高人民法院《关于当事人对人民法院撤销仲裁裁决的裁定不服申请再审人民法院是否受理问题的批复》(法释〔1999〕6 号);最高人民法院《关于人民检察院对撤销仲裁裁决的民事裁定提起抗诉,人民法院应如何处理问题的批复》(法释〔2000〕17 号);最高人民法院《关于人民检察院对不撤销仲裁裁决的民事裁定提出抗诉人民法院应否受理问题的批复》(法释〔2000〕46 号);最高人民法院《关于当事人对驳回其申请撤销仲裁裁决的裁定不服而申请再审,人民法院不予受理问题的批复》(法释〔2004〕9 号)。

② 参见最高人民法院《关于人民法院处理与涉外仲裁及外国仲裁事项有关问题的通知》(法发〔1995〕18 号);最高人民法院《关于人民法院撤销涉外仲裁裁决有关事项的通知》(法〔1998〕40 号)。

③ 参见最高人民法院《关于我国仲裁机构作出的仲裁裁决能否部分撤销问题的批复》(法释〔1999〕16 号)。

和具体问题的规定，且效力层级较低。2006 年最高人民法院颁布了《关于适用〈中华人民共和国仲裁法〉若干问题的解释》（以下简称《仲裁法司法解释》），其中有 1/3 的条文直接涉及仲裁裁决撤销与不予执行的内容，系统发展和完善了我国仲裁裁决撤销与不予执行制度，使该制度进入规范化发展阶段，主要体现在以下五个方面：

第一，在现行立法框架内理顺了撤销仲裁裁决与不予执行仲裁裁决的关系，明确当事人向人民法院申请撤销仲裁裁决被驳回后，再以相同理由提出不予执行抗辩的，人民法院不予支持。[①] 第二，就超裁问题明确了仲裁裁决的部分撤销制度，只有在超裁部分与其他裁决事项不可分割时才撤销整个仲裁裁决，否则仅撤销超裁部分。[②] 第三，明确了撤销仲裁裁决理由中"没有仲裁协议"和"违反法定程序"的含义，对仲裁协议被认定无效或被撤销的视为没有仲裁协议。[③] 第四，初步确立了仲裁裁决撤销与不予执行理由的默示放弃制度，若当事人在仲裁程序中未对仲裁协议的效力提出异议，在仲裁裁决作出后以仲裁协议无效为由主张撤销仲裁裁决或者提出不予执行抗辩的，人民法院不予支持。[④] 第五，将申请不予执行仲裁裁决的受理法院由基层人民法院提高到中级人民法院，使撤销仲裁裁决申请和不予执行仲裁裁决申请的受理法院在级别上得到统一。[⑤]

（四）统一审查标准阶段（2012 ~2017 年）

《仲裁法司法解释》虽对我国仲裁裁决撤销与不予执行制度作

---

① 参见《仲裁法司法解释》第 26 条。
② 参见《仲裁法司法解释》第 19 条。
③ 参见《仲裁法司法解释》第 18 条、第 20 条。
④ 参见《仲裁法司法解释》第 27 条。
⑤ 参见《仲裁法司法解释》第 29 条。

了较大发展，但限于司法解释的效力层级问题，它未能解决立法在撤销和不予执行国内仲裁裁决审查标准上规定不统一的问题。2012 年修改的《民事诉讼法》对不予执行国内仲裁裁决的审查标准进行了修改，使其与仲裁法撤销国内仲裁裁决的审查标准保持了统一。具体而言，2012 年《民事诉讼法》将 1991 年《民事诉讼法》中第 217 条第 4 项“认定事实的主要证据不足”和第 5 项“适用法律确有错误”修改为“裁决所根据的证据是伪造的”和“对方当事人向仲裁机构隐瞒了足以影响公正裁决的证据”，取消了对国内仲裁裁决进行实体审查的标准，更加符合国际社会对仲裁裁决仅作程序审查而不作实体审查的趋势。

总体而言，我国仲裁裁决撤销与不予执行制度的发展历程基本体现了法院支持仲裁的精神，由实体审查转向程序审查且制度规定日益规范，对我国仲裁事业的发展起到了巨大的推动作用。但随着各领域改革的深入，新情况、新问题不断涌现，现行仲裁裁决撤销与不予执行制度在某些方面已经难以适应仲裁制度发展的需要，急需进一步发展和完善。

二、现状：我国仲裁裁决撤销与不予执行制度的最新发展与评析

2017 年 5 月以来，最高人民法院相继颁布了《关于仲裁司法审查案件归口办理有关问题的通知》（以下简称《归口办理通知》）、《关于仲裁司法审查案件报核问题的有关规定》（以下简称《报核问题规定》）、《关于审理仲裁司法审查案件若干问题的规定》（以下简称《司法审查规定》）和《关于人民法院办理仲裁裁决执行案件若干问题的规定》（以下简称《仲裁裁决执行规定》）等一则通知和三份司法解释。这些通知和司法解释顺应司法与仲裁关系发展的世界潮流，以“适度监督”为中心对我国仲裁裁决撤销与不予执行制度进行了重大革新,涉及仲裁裁决撤销与不予执行的各个方面。

(一)仲裁裁决撤销与不予执行案件的归口办理

在仲裁裁决撤销与不予执行案件的办理方面,《民事诉讼法》和《仲裁法》仅规定"由人民法院组成合议庭审查核实",[①]但具体由法院哪一业务庭审查核实,依据何种程序审查核实均未作出规定。实践中,涉外仲裁裁决的撤销与不予执行多由审理涉外商事案件的审判庭负责,但国内仲裁裁决的撤销与不予执行却归口不一,审查人员的专业水平参差不齐。此次《归口办理通知》明确申请撤销我国内地仲裁机构仲裁裁决的案件也由专门业务庭归口办理,在一定程度上有助于解决司法实践中多头管理和审查人员专业水平参差不齐的问题,但就具体规定看,尚遗留一些问题待进一步明确。

第一,"涉外仲裁机构仲裁裁决"的撤销和不予执行是否由专门业务庭归口办理尚待明确。《归口办理通知》在第2条中使用了"内地仲裁机构仲裁裁决"的表述,似将"涉外仲裁机构仲裁裁决"排除在归口办理外。事实上,从目前司法实践和最高人民法院一贯的态度看,在对"内地仲裁机构仲裁裁决"实行归口办理的前提下,"涉外仲裁机构仲裁裁决"由专门业务庭负责办理是应有之义。笔者推测,之所以未对"涉外仲裁机构仲裁裁决"的归口办理作出规定或许是考虑到实践中"涉外仲裁机构仲裁裁决"已基本由专门业务庭负责办理,故未再进行明确。第二,仲裁裁决不予执行案件是否由专门业务庭归口办理尚待明确。根据《归口办理通知》第2条之规定,仅我国内地仲裁机构仲裁裁决的撤销实行归口办理,内地仲裁机构仲裁裁决的执行依然由管辖法院的执行部门负责。但

① 参见《民事诉讼法》第237条、第274条和《仲裁法》第58条、第63条。

这一规定并不意味着不予执行申请的审查的也由执行部门负责，《仲裁裁决执行规定》第2条第3款明确规定："被执行人、案外人对仲裁裁决执行案件申请不予执行的，负责执行的中级人民法院应当另行立案审查处理；执行案件已指定基层人民法院管辖的，应当于收到不予执行申请后三日内移送原执行法院另行立案审查处理。"此处"另行立案审查处理"的规定意味着不予执行申请的审查依然由中级人民法院负责，但具体是由中级人民法院执行部门还是由审理涉外商事案件的专门业务庭负责办理则未予明确。笔者揣测，之所以要求"另行立案处理"或许正是考虑到仲裁裁决不予执行案件的办理要交由专门业务庭而非再由执行部门负责。第三，《归口办理通知》仅规定由法院哪一业务庭负责审查核实，但对审查核实依据何种程序依然未作出规定，这将导致实践中各法院审查缺乏程序依据，审查程序不统一。

（二）仲裁裁决撤销与不予执行消极裁定的报核

鉴于民事诉讼法规定撤销或不予执行仲裁裁决的裁定不具有可上诉性，最高人民法院为避免这种裁定不受任何监督和制约，曾于1995年和1998年通过法发〔1995〕18号文、法〔1998〕40号文和法释〔1998〕28号文确立了涉外仲裁裁决不予执行和撤销的"内部报告"制度，[①]但考虑到国内仲裁裁决数量众多，[②]一旦将"内部报告"制度推广适用，各高级人民法院和最高人民法院的工作量将急剧膨胀，国内仲裁裁决的撤销和不予执行一直未明确实行这一制

① 参见最高人民法院《关于人民法院处理与涉外仲裁及外国仲裁事项有关问题的通知》（法发〔1995〕18号）、最高人民法院《关于人民法院撤销涉外仲裁裁决有关事项的通知》（法〔1998〕40号）、《关于承认和执行外国仲裁裁决收费及审查期限问题的规定》（法释〔1998〕28号）。

② 以2015年为例，全国244家内地仲裁机构的总受案量为136,924件，其中90%以上为国内仲裁案件，案件数量超过10万件。

度。这一对涉外仲裁裁决与国内仲裁裁决区别对待的做法,饱受学界诟病,也不利于我国仲裁事业的发展。此次《报核问题规定》以司法解释的形式确立了仲裁裁决撤销和不予执行的报核制度,包括涉外仲裁裁决撤销和不予执行的“三级法院”报核以及国内仲裁裁决撤销和不予执行的“二级法院”报核。在一定程度上弥合了涉外仲裁与国内仲裁在司法审查方面的一个无谓差别,有助于改善内地仲裁环境,促进我国仲裁事业的发展。[①] 但从长远来看,适用报核制度依然存在以下两个方面的问题,只能是作为权宜之计的过渡措施。

第一,报核制度事实上使两级法院甚至三级法院审理同一个案件,下级法院依据上级法院的审核意见作出裁定,有违司法独立的原则。第二,报核制度将全部涉外仲裁裁决以及部分国内仲裁裁决撤销与不予执行的审查交由最高人民法院,使最高人民法院承担了过多个案审查的任务,影响其他方面职能的发挥。事实上,在《报核问题规定》出台之前即有研究者建议以“有限上诉制度”取代“内部报告制度”。[②] 但限于民事诉讼法“撤销与不予执行仲裁裁决的裁定不可上诉”的规定,最高人民法院在司法解释中未对“内部报告制度”进行完全的诉讼化改造,而是采取了一种相对保守的态度将其明确为报核制度进行过渡。

(三)仲裁裁决撤销与不予执行理由的默示放弃

仲裁裁决撤销与不予执行理由的默示放弃,是指仲裁裁决虽然具有应当撤销或不予执行的理由,但如果申请撤销或不予执行

① 宋连斌:《仲裁司法监督制度的新进展及其意义》,载《人民法治》2018 年第 5 期。

② 参见朱科:《国际商事仲裁司法审查案件内部请示报告制度的转型》,载《法学杂志》2017 年第 6 期。

的当事人在仲裁程序进行期间已经知道或应当知道这些理由的存在但未及时提出异议，则视为当事人默示放弃了这些理由。[①] 从国际社会的通行做法看，当事人可以默示放弃的理由一般包括两个方面：第一，仲裁协议的效力瑕疵；第二，仲裁程序与法定或当事人约定不符。[②] 我国仲裁法虽并未对仲裁裁决撤销与不予执行理由的默示放弃作出规定，但2006年的《仲裁法司法解释》已经对此初步作出规定。《仲裁法司法解释》第27条明确："当事人在仲裁程序中未对仲裁协议的效力提出异议，在仲裁裁决作出后以仲裁协议无效为由主张撤销仲裁裁决或者提出不予执行抗辩的，人民法院不予支持。"根据该条规定，此时仲裁裁决撤销与不予执行理由的默示放弃尚限于仲裁协议的效力瑕疵，对仲裁程序与法定或当事人约定不符是否可以默示放弃未作出规定。《仲裁裁决执行规定》第14条第3款在《仲裁法司法解释》第27条的基础上进一步明确将仲裁程序与法定或当事人约定不符的情形也纳入当事人可以默示放弃的范畴，在一定程度上完善了我国仲裁裁决撤销与不予执行理由的默示放弃制度。但这一规定与国际社会的通行做法相比依然存在差异，主要表现在以下三个方面：

第一，默示放弃适用的前提为"适用仲裁程序或仲裁规则经特别提示"，但对如何进行特别提示并未作出规定；默示放弃适用前提的限制为我国所独创，最高人民法院负责起草该规定的法官曾撰文指出，增加适用前提的限制是考虑到仲裁程序、仲裁规则可能

---

① 万鄂湘、于喜富：《我国仲裁司法监督制度的最新发展——评最高人民法院关于适用仲裁法的司法解释》，载《法学评论》2007年第1期。

② 参见1985年《联合国国际贸易法委员会国际商事仲裁示范法》第4条、1986年《荷兰民事诉讼法》第1052条第2款和第1065条第1款、1996年《英国仲裁法》第73条、1998年《德国民事诉讼法》第1027条。

规定于格式条款的仲裁协议之中，部分当事人可能并未充分注意，在该款表述上明确要求向当事人就仲裁程序及适用仲裁规则作出特别提示，可以减少仲裁作出后产生的程序争议。[①] 实践中，由于"特别提示"的认定标准不明，这一适用前提的限制很可能减损默示放弃条款的适用效果。第二，对"法定仲裁程序或选择的仲裁规则未被遵守"未规定提出异议的期限；《仲裁法》第 20 条第 2 款和《仲裁法司法解释》第 13 条规定，当事人对仲裁协议效力的异议应在仲裁首次开庭前提出，但对"法定仲裁程序或选择的仲裁规则未被遵守"的异议当于何时提出，《仲裁裁决执行规定》并未作出规定，尚有待进一步明确。第三，"法定仲裁程序或选择的仲裁规则未被遵守"的默示放弃限于不予执行，是否适用于仲裁裁决撤销案件未作出规定。由于该条款规定于《仲裁裁决执行规定》中，它仅明确默示放弃后以违反法定程序为由申请不予执行的，人民法院不予支持。但对默示放弃后以违反法定程序为由申请撤销的，人民法院是否支持，该条款并未作出规定。实践中，虽然已经有法院参照该规定处理仲裁裁决撤销案件，但这一规定是否必然适用于仲裁裁决撤销案件的审查尚有待进一步明确。

(四)仲裁裁决撤销与不予执行裁定的救济途径

人民法院对撤销或不予执行仲裁裁决申请可能作出的裁定类型包括：不予受理、程序性的驳回申请、撤销或不予执行仲裁裁决、实体性的驳回申请。对这些裁定的救济途径问题，民事诉讼法的规定较为笼统，实践中各地法院做法不一。最高人民法院曾通过一系列批复明确对人民法院不予执行仲裁裁决的裁定、是否撤销

① 刘贵祥、孟祥、何东宁、林莹：《〈关于人民法院办理仲裁裁决执行案件若干问题的规定〉的理解与适用》，载《人民司法》(应用)2018 年第 13 期。

仲裁裁决的裁定，当事人申请再审的不予受理，人民检察院抗诉的也不予受理，但这些批复尚缺乏系统性、全面性。[①]《司法审查规定》第7条、第8条和第20条规定，人民法院对撤销或不予执行仲裁裁决申请作出的裁定，除不予受理和程序性驳回申请外，一经送达即发生法律效力。当事人申请复议、提出上诉或者申请再审的，人民法院都不予受理。同时，为了避免与将来可能出台的其他法律或司法解释的规定相冲突，该条通过"但书"条款明确"法律和司法解释另有规定的除外"。这一"但书"条款在最高人民法院随后颁布的《仲裁裁决执行规定》中即得到体现，该规定第22条第3款明确案外人申请裁定不予执行的，当事人对人民法院作出的不予执行裁定可以申请复议，案外人对人民法院作出的驳回不予执行仲裁裁决申请的裁定也可以申请复议。这些规定在明确人民法院是否撤销或不予执行仲裁裁决的裁定具有终局性的同时，对案外人申请不予执行仲裁裁决设置了单独的救济程序。具体而言，可将人民法院对撤销或不予执行仲裁裁决申请作出裁定的救济途径概括见表1。

表1　人民法院对撤销或不予执行仲裁裁决申请作出裁定的救济途径

裁定情形	当事人申请撤销	当事人申请不予执行	案外人申请不予执行
不予受理	可上诉，不可复议	可上诉，不可复议	案外人可向上一级人民法院申请复议
驳回申请（程序性）	可上诉，不可复议	可上诉，不可复议	案外人可向上一级人民法院申请复议

① 张勇健、任雪峰、梁颖：《〈关于仲裁司法审查案件报核问题的有关规定〉及〈关于审理仲裁司法审查案件若干问题的规定〉的理解与适用》，载《人民司法》(应用)2018年第4期。

续表

裁定情形	当事人申请撤销	当事人申请不予执行	案外人申请不予执行
撤销或不予执行仲裁裁决	不可上诉、复议或申请再审，当事人可重新达成仲裁协议申请仲裁或另行起诉	不可上诉、复议或申请再审，当事人可重新达成仲裁协议申请仲裁或另行起诉	仲裁案件当事人可向上一级人民法院申请复议
驳回申请（实体性）	不可上诉、复议、或申请再审	不可上诉、复议或申请再审	案外人可以向上一级人民法院申请复议

通过以上梳理不难发现，最高人民法院虽意图明确人民法院对撤销或不予执行仲裁裁决申请作出裁定的救济途径，但多次通过批复、司法解释进行规定也导致相关规定繁杂，不同申请下不同类型裁定的救济途径千差万别，依然有可能导致各级法院在审理过程出现做法不一的情况。

（五）仲裁裁决撤销与不予执行制度的衔接机制

鉴于仲裁裁决撤销与不予执行的制度功能基本相同，在学界要求废除仲裁裁决不予执行制度的呼声一直存在。[①] 在民事诉讼法依然保留了仲裁裁决不予执行制度的前提下，司法解释如何协调两者之间的关系，完善衔接机制显得尤为重要。事实上，最高人民法院在2006年颁布的《仲裁法司法解释》中就曾对仲裁裁决撤销与不予执行的衔接机制作出规定，该解释第26条明确当事人向人民法院申请撤销仲裁裁决被驳回后，再以相同理由提出不予执

① 参见肖晗：《建议取消不予执行仲裁裁决的司法监督方式》，载《河北法学》2001年第3期；马占军：《论我国仲裁裁决的撤销与不予执行制度的修改与完善——兼评最高人民法院关于适用〈中华人民共和国仲裁法〉若干问题的解释的相关规定》，载《法学杂志》2007年第2期；韩平：《我国仲裁裁决双重救济制度之检视》，载《法学》2012年第4期；胡荻：《论我国仲裁裁决不予执行与撤销制度重叠的困境及其重构》，载《法治研究》2013年第10期。

行抗辩的，人民法院不予支持。但这一规定较为简单，未涉及两者衔接的一些深层次问题。

《仲裁裁决执行规定》第20条在肯定2006年《仲裁法司法解释》第26条规定的基础上完善了仲裁裁决撤销与不予执行的衔接机制，明确两者之间应以撤销仲裁裁决的审查优先，即使在不予执行仲裁裁决审查期间若撤销仲裁裁决申请被受理也应当裁定中止不予执行的审查，根据撤销仲裁裁决的审查结果决定是否恢复不予执行的审查。这一规定在一定程度上理顺了仲裁裁决撤销与不予执行之间的关系，但具体实施效果如何尚有待实践的检验。

（六）仲裁裁决不予执行的申请主体和申请期限

作为规范人民法院办理仲裁裁决执行案件的司法解释，《仲裁裁决执行规定》重点对我国仲裁裁决不予执行制度进行了细化和完善，主要表现在以下两个方面：第一，在仲裁裁决不予执行的申请主体上增加案外人申请不予执行的规定，拓宽了申请不予执行的主体范围；第二，在仲裁裁决不予执行的申请期限上明确不予执行申请的提出期限，避免当事人滥用以拖延执行。

首先，就不予执行仲裁裁决的申请主体而言，民事诉讼法和仲裁法仅规定被申请人可提出不予执行申请，导致司法实践中对仲裁案外人的权利缺乏有效的救济途径。《仲裁裁决执行规定》第9条和第18条赋予案外人申请不予执行的权利，可以在一定程度上解决仲裁案外人的权益保护问题。但从实践角度考虑，这一案外人申请不予执行仲裁裁决的机制尚存一些问题有待后续法律法规或司法解释予以明确。一方面，对于案外人的主体资格，《仲裁裁决执行规定》仅要求为“权利或者利益的主体”，但对“权利或者利益”与仲裁裁决或执行标的之间应满足何种关联性却未作出规定，这可能导致案外人的主体范围认定过宽，案外申请不予执行机制被滥用。另一方面，这一制度的实施效果如何尚有待实践的检验，从民事诉讼第三人撤销之诉的实施情况看，案外人滥用权利、浪费司法资源的情况屡禁不止。如何有效规避这一制度的弊端，充分发挥其保障仲裁案外人权利的作用或是后续法律法规和司法解释需要解决的重点。

其次，在不予执行仲裁裁决的申请期限方面，《仲裁裁决执行规定》第8条将被执行人向人民法院申请不予执行仲裁裁决的期限分为两种情形：在一般情况下，被执行人应在收到执行通知书后15日内提出申请；例外情况即存在《民事诉讼法》第237条第2款第4项、第6项规定的情形且执行程序尚未终结的，被执行人应自知道或者应当知道有关事实之日起15日内提出。[①] 对案外人申请人不予执行的，《仲裁裁决执行规定》第9条则明确案外人应当自"知道或者应当知道人民法院对执行标的采取执行措施之日起三十日内"提出申请。这一对不予执行仲裁裁决申请期限的规定具有一定的合理性，可以有效避免当事人对仲裁裁决不予执行制度的滥用，符合仲裁快速、高效的价值追求。

三、展望：我国仲裁裁决撤销与不予执行制度的完善方向

2017年5月以来，最高人民法院关于仲裁的一份通知和三部司法解释对我国仲裁裁决撤销与不予执行制度作了重大发展和完善，其积极意义值得肯定。但同时我们也应当看到，限于效力层级和客观因素的制约，这些司法解释一方面回避了仲裁裁决撤销与不予执行制度中的一些重大问题，如撤销与不予执行的双重监督

① 刘贵祥、孟祥、何东宁、林莹：《〈关于人民法院办理仲裁裁决执行案件若干问题的规定〉的理解与适用》，载《人民司法》（应用）2018年第13期。

问题、涉外和非涉外仲裁裁决双轨制审查问题、违背社会公共利益条款的理解和适用问题等；另一方面对部分细节问题依然未予明确，如仲裁裁决撤销与不予执行的审查程序问题、仲裁裁决撤销与不予执行的审查期限问题等。以仲裁法的修改为契机，针对这些回避的重大问题和未予明确的细节问题，笔者认为，我国仲裁裁决撤销与不予执行制度的完善可以从以下几个方面把握。

（一）理顺撤销与不予执行的关系，实现程序高效配合

前文已经述及，在学界要求取消仲裁裁决不予执行制度的呼声一直存在，其理由主要包括以下几点：其一，撤销与不予执行的制度功能基本相同；其二，撤销与不予执行的审查标准基本相同；其三，两者同时适用将导致司法资源的浪费和纠纷解决的低效。但笔者认为，民事诉讼法和仲裁法一直保留这一双重监督的模式说明不予执行制度自有其实践价值和意义。不予执行制度和撤销制度的出发点不同，它更侧重于保护被执行人的利益，特别是在赋予了案外人申请不予执行的权利后，仲裁裁决不予执行制度更兼具了保障案外人权益的功能和价值。在这一背景下，理顺撤销与不予执行的关系，实现程序高效配合与单纯呼吁取消不予执行制度相比，或许更具有现实意义。以仲裁裁决的撤销程序为优先，进一步完善仲裁裁决撤销与不予执行程序之间的配合或许是未来我国仲裁裁决撤销与不予执行制度的完善方向之一。

（二）统一涉外和非涉外仲裁裁决的审查标准，实行并轨

仲裁裁决撤销与不予执行制度确立之初，我国仲裁法和民事诉讼法即明确了涉外和非涉外仲裁裁决的双轨制审查模式，对涉外仲裁裁决和非涉外仲裁裁决适用不同的审查标准进行审查。这种双轨制审查模式在设立之初是考虑到我国国内仲裁制度的历史

和国内仲裁机构的现状,[①]不可能使国内仲裁一下子与涉外仲裁完全一致。但时至今日,国内仲裁已经基本确立了与国际接轨的现代仲裁制度,国内仲裁机构也在20年的发展历程中积累经验,仲裁裁决的质量得到极大提高。特别是在国内仲裁机构既能受理非涉外仲裁案件也能受理涉外仲裁案件的情形下,统一涉外和非涉外仲裁裁决的审查标准,将非涉外仲裁裁决的审查标准向涉外仲裁裁决的审查标准靠拢有着现实的必要性。

(三)明确"违背社会公共利益"条款的理解与适用

"违背社会公共利益"一直被作为撤销和不予执行仲裁裁决的理由之一,但对于何为"社会公共利益"仲裁法和相关法律法规均未作出规定。即使在2006年颁布的《仲裁法司法解释》中亦未对"社会公共利益"的含义进行明确界定。最高人民法院虽曾在一些个案的复函中对"违背社会公共利益"的情形作出指导性认定,但实践中各地法院在认定时依然缺乏统一的标准,导致该条款的适用特别是在国内仲裁裁决撤销与不予执行的适用方面存在较大的随意性。[②] 此次《报核问题规定》虽明确"以违背社会公共利益为由不予执行或者撤销内地仲裁机构的仲裁裁决时"需报最高人民法院审核,但遗憾的是,该规定依然未能对"社会公共利益"的含义作出界定。这或许是由于最高人民法院尚未积累足够的经验对"社会公共利益"的含义作出一般界定,有待实践经验的积累予以完善。[③]

---

① 1991年《民事诉讼法》颁布实施之时,我国国内仲裁尚保留着浓厚的行政色彩,即使在1994年《仲裁法》颁布实施时我国内地仲裁机构也刚开始重新组建,无论是人员还是经验都很难保证仲裁裁决的质量。

② 由于涉外仲裁裁决的撤销与不予执行实行"内部报告制度",待最高人民法院审核后方能做出裁定,故"违背社会公共利益"条款在涉外仲裁裁决的撤销与不予执行方面适用相对较为规范和统一。

③ 参见万鄂湘、于喜富:《我国仲裁司法监督制度的最新发展——评最高人民法院关于适用仲裁法的司法解释》,载《法学评论》2007年第1期。

（四）明确仲裁裁决撤销与不予执行的审查程序和审查期限

首先，对仲裁裁决撤销与不予执行申请的审查程序，仲裁法、民事诉讼法及相关法律法规和司法解释均未作出规定。实践中，对撤销仲裁裁决申请多比照一审开庭程序进行审查；对不予执行仲裁裁决申请法院则自创采用听证程序进行审查，但在查明案件事实及法律适用问题上，又参照庭审程序，开展听证调查、辩论、最后陈述等环节，这样就形成了一种与听证或庭审方式似是而非的审查方式。[①] 因此，有必要通过相关司法解释对我国仲裁裁决撤销与不予执行申请的审查程序进行规定，避免法院在进行审查时缺乏程序依据。

其次，对仲裁裁决撤销与不予执行申请的审查期限，我国《仲裁法》第60条虽规定："人民法院应当在受理撤销裁决申请之日起两个月内作出撤销裁决或者驳回申请的裁定。"但实践中，法院拖延审查的情形比比皆是。而对于不予执行申请的审查期限，则尚未有相关法律法规或司法解释作出规定。因此，有必要对不予执行仲裁裁决申请的审查期限作出规定，同时进一步明确未能在规定期限内审查完毕的法律责任，减少法院故意拖延的可能，维护仲裁高效和终局性。

四、结语

通过对我国仲裁裁决撤销与不予执行制度发展历程的回顾和最新发展的评析，可以发现我国仲裁裁决撤销与不予执行制度的发展基本体现了司法支持仲裁的精神。在制度的整体设计上，顺应司法与仲裁关系发展的世界潮流，以适度监督为中心，缩小法院

① 姜建新、陈立伟：《关于仲裁裁决司法审查的调查与思考——对不予执行及申请撤销仲裁审查的实证分析》，载《法律适用》2013年第10期。

的参与范围和程度，即使在不可或缺的司法参与中法院亦保持更加审慎的态度。它表现在撤销与不予执行仲裁裁决的审查标准、审查主体和审查程序等多个方面。在审查标准方面，由既进行程序审查也进行实体审查到逐渐取消实体审查的内容只进行程序审查；在审查主体方面，明确撤销与不予执行仲裁裁决申请的审查法院均为中级人民法院；在审查程序方面，确立仲裁裁决撤销与不予执行的“报核”制度，待最高人民法院或高级人民法院答复后方可作出裁定。

作为最能观察法院对仲裁支持力度的一个视角，仲裁裁决撤销与不予执行制度的发展无疑向我们表明国家“完善仲裁制度，提高仲裁公信力”的决心。虽然这一制度尚存在一些余留问题待进一步解决和完善，但在仲裁届已经逐渐看到仲裁法修改曙光的背景下，[①]仲裁裁决撤销与不予执行制度的发展终将日益完善和符合国际趋势。

Abstract The revocation and non-execution of arbitral awards are two important ways of judicial supervision of arbitration. However, due to the imperfections of the legislation in some specific regulations and the connection between the two methods. In practice, these two methods are often abused by the parties to delay the execution which greatly reduced its positive effects. On the basis of reviewing the development of the system of revocation and non-execution of arbitral awards in China, this paper introduces and

① 2018 年 9 月 10 日，第十三届全国人大常委会发布立法规划将仲裁法的修改工作列入需要抓紧工作、条件成熟时提请审议的法律草案之中。

analyzes the current situation of the system in combination with the relevant provisions in the latest judicial interpretation of arbitration by the Supreme People's Court. Finally, through the introduction and analysis of the current situation, we can grasp the perfect direction of the system of revocation and non-enforcement of arbitral awards in China.

Keywords Arbitral award Revocation Non-execution Judicial interpretation

【仲裁员手记】

律师担任仲裁员的角色和境界

张　粒[*]　孙才华[**]

摘　要　司法对仲裁监督强度的限缩，使得仲裁员的独立和公正问题更加重要，仲裁员对自身角色的认知和达到的境界又决定其独立性和公正性。律师担任仲裁员，必须实现对角色的准确认知和适时转换。律师担任仲裁员，除了应当作为法律家和争议解决者，还必须是律师同行和商事主体都能够尊重和信任的公道正派的人。律师担任仲裁员，除了要严格遵守仲裁员披露和回避等有关独立和公正的制度安排和行为守则以外，还要不断提高自身思想觉悟和精神修养。

关键词　律师　仲裁员　角色　境界

我国《仲裁法》颁布实施20多年以来，中国民商事仲裁事业蓬勃发展，仲裁机构在处理案件的数量、质量以及机构管理方面都有很大的提高。与之相应，律师与仲裁员两者身份之间的关系也发生了巨大的变化。在《仲裁法》颁布前，《司法部关于律师不宜担任

* 北京中伦（武汉）律师事务所合伙人，武汉仲裁委员会仲裁员。
** 北京中伦（武汉）律师事务所合伙人。

兼职仲裁员的批复》(1984 年 3 月 29 日〔1984〕司发公字第 119 号)指出“律师不宜担任经济合同仲裁委员会兼职仲裁员”;但是,现行《仲裁法》第 13 条规定的“仲裁员应当符合下列条件之一”就包括“从事律师工作满八年”一项。国际商会在许多年前就曾指出,其仲裁员大多数是律师或者大学教授。[①] 由此可见,律师已成为国际国内民商事仲裁机构选拔仲裁员的重要来源之一,专业能力出众、执业经验丰富的专家型律师更是在当今仲裁事业中扮演着越来越重要的角色。

一、问题的提出

根据我国现行有效的《仲裁法》和《民事诉讼法》的规定,国内民商事仲裁案件中除涉及伪造或者隐瞒证据外,我国法院对民商事仲裁裁决的审查仅限于程序问题。这意味着民商事仲裁裁决的法律效力得到进一步认可,司法对民商事仲裁监督的强度得到大幅压缩和严格限制,这使仲裁员的独立和公正问题更加重要。

为了实现仲裁的独立和公正,防止仲裁员可能出现的角色混淆和利益冲突,我国引进了仲裁员披露、回避和更撤等制度安排,一些仲裁机构还制订了仲裁员守则和行为规范。然而,仲裁制度可以创设和移植,仲裁员的角色认知和境界提升却主要靠仲裁员来自觉完成。在某种程度上,仲裁员的角色认知状况和境界对保证仲裁员的独立和公正之重要性超过仲裁员的法律专业知识和仲裁活动技巧。

律师作为当事人的代理人和仲裁员,是两种不同的身份,应避免两者之间出现混淆或者冲突。“同时担任仲裁员和代理人,仲裁

---

① International Chamber of Commerce. ICC Arbitration: the International Solution to International Business Disputes(ICC Publi-cation No. 301), ICC Services, 1977, 20.

员在利益驱使下难免会(有意或无意地)促使裁决朝着有利于其客户利益的方向发展。如此显而易见的利益冲突无疑会影响仲裁员的公正性。”[①]律师担任仲裁员,有不同于法官、法学家等其他职业的人员担任仲裁员的特点,其角色问题更加明显。试想:如果律师在担任仲裁员的时候想到自己面对的仲裁当事人可能成为自己潜在的客户,会出现什么情况?在这种状况下,担任仲裁员的律师混淆了律师和仲裁员的角色,这势必会影响其作为仲裁员的独立性和公正性。而律师和仲裁员的角色清晰或者混淆(或者冲突),往往决定于律师仲裁员的自身境界。国际法院前法官托马斯·伯根索尔(Thomas Buergenthal)指出,仲裁员兼任代理律师会引起正当程序问题,并阻碍投资争端解决迈向法治化。[②] 律师担任仲裁员的角色和境界,因而具有讨论的必要。

二、律师担任仲裁员的角色

律师担任仲裁员,除了作为仲裁程序控制者和仲裁裁决作出者以外,还应当是具有公认资格的法律家、能够作出独立判断的争议解决者,以及律师同行和商事主体都能够尊重和信任的公道正派的人。

(一)具有公认资格的法律家

律师担任仲裁员,为了公平、高效的解决法律争议,必须是有公认资格的法律家,这是对仲裁员的专业素质提出的高标准要求。当然,这也应当是律师和仲裁员共同的基本角色,因而在这个方面不存在律师和仲裁员角色混淆的问题。作为法律服务的专业提供

① 于湛旻:《论国际投资仲裁中仲裁员的身份冲突及克服》,载《河北法学》2014 年第 7 期,第 135 页。

② Thomas Buergentha,“The Proliferation of Disputes, Dispute Settlement Procedures and Respect for the Rule of Law”, *Arbitration International*, 2006, 22(4), pp. 497 – 498.

者，广大律师在仲裁活动中所起的作用是非常显著的。一方面，律师可能作为一方当事人的代理人参与仲裁程序；另一方面，律师可能接受仲裁委员会的选聘，被列入仲裁员名册，并被当事人选定或按一定程序被指定担任仲裁员。从根本上说，律师们能担任这两个角色有着的共同的基础，即因为他们具有良好的法律专业素养，这种专业素养为律师仲裁员成为法律家提供了良好的基础。律师在仲裁事业中参与度的显著提升，也进一步体现了律师担任仲裁员在仲裁事业发展中的重要作用。能够被选拔担任仲裁员的律师均为工作满8年的资深律师，他们在行业内的丰富经验和较高的专业水平均能在纠纷处理中起到重要的作用，也是其作为律师仲裁员的核心优势之所在。

（二）能够作出独立判断的争议解决者

仲裁员还必须具备驾驭仲裁程序和解决争议的实际办案能力，充当争议解决者的角色。武汉仲裁委员会《仲裁员守则》第2条明确将“公正、公平、勤勉、高效地为当事人解决争议”列为仲裁员应当履行的职责。律师担任仲裁员，应当是能够作出独立判断的争议解决者，其根本任务是在仲裁案件当事人自己无法作出决定时，解决当事人之间的争议。

作为能够作出独立判断的争议解决者的角色，不同于律师作为一方当事人的代理人的角色。即便经一方当事人选定，仲裁员无论如何也不能代表任何一方当事人。律师与仲裁员的任务显著不同：律师的任务是维护一方当事人的合法权益，其目标是追求对其所代表的一方当事人尽可能有利的裁决结果，而仲裁员的工作重心是维护双方当事人的合法权益，公平公正地解决当事人之间的争议。这两种任务必须严格区分，否则就可能出现仲裁员与律师之间的身份冲突，从而引发当事人对仲裁员公正性的正当怀疑。

（三）律师同行和商事主体都能够尊重和信任的公道正派的人

公道正派，是我国《仲裁法》第13条规定的聘任仲裁员的道德品质要求。这一要求对律师仲裁员意味着，律师担任仲裁员必须在相关专业领域范围内具有良好的口碑，这些领域既可能是律师同行或者法律家领域，也可能是民商事活动行为人。律师被仲裁委员会聘任为仲裁员、列入仲裁员名册后，只是第一步；下一步，被律师同行或者商业合作伙伴选定为仲裁员，往往是基于律师同行和商事主体的信任，因而应当作为他们都能够尊重和信任的公道正派的人。英国仲裁员协会前主席哈特威尔教授（Geoffrey M. Beresford Hartwell）在《国家商事仲裁导论》一文中对仲裁员的社会地位有过一番精彩评论："在国际商事领域中，没有什么荣誉会高于你被职业同僚或商事主体选定为仲裁员，去处理他们之间的争议，作出他们无法作出的决定。"[①]简言之，仲裁员的这种角色承载着信任，充满了荣誉感。

三、律师担任仲裁员的境界

在仲裁活动中，仲裁员与律师的不同特点无疑对律师仲裁员的履职行为提出了更高的要求。这些区别不仅要求律师仲裁员在履职时充分运用其专业知识和经验处理纠纷，还要求其站在更加宏观、公正的角度看待特定的案件，保证争议得到公平、公正的处理。律师担任仲裁员，除了要严格遵守仲裁员披露、回避和更撤等有关独立和公正的制度安排和行为守则以外，还要不断提高自身思想觉悟和精神修养。

① Geoffrey M. Beresford Hartwell, An Introduction to International Commercial Arbitration, http://geoffrey.beresfordhartwell.com/Introduction.htm.

(一)在仲裁活动中提高

律师担任仲裁员,要严格遵守仲裁员披露和回避等有关独立和公正的制度安排和仲裁员守则,在仲裁活动中提升境界。例如,仲裁员应当根据事实,依照法律法规,遵循公平合理原则独立公正地审理案件;遵守自然正义原则,平等对待双方当事人、不偏私、充分听取各方当事人的意见;遵守披露制度、回避制度和更撤制度等。另外,在仲裁过程中,从接受指定之时直至最终裁决作出或程序另行终止之时,仲裁员都应当避免使自身处于可能引发利益冲突的地位。由于防范利益冲突也是律师的执业纪律之一,律师担任仲裁员对这种制度不会感到陌生,而能够特别留意。律师担任仲裁员,在仲裁过程要注意塑造自己的人格形象,充分发挥人格魅力的作用。

(二)在自我修炼中升华

仲裁员的思想觉悟和精神修养(或者说境界)高低将决定仲裁的好坏,正如国际私法权威专家、国际商会仲裁院前主席皮埃尔·拉里夫(Pierre Lalive)教授所言,"仲裁的好坏取决于仲裁员,仲裁正义就是要求仲裁员在仲裁过程中公正行事"。[①] 公道正派,作为一种道德品质要求,是担任仲裁员的资格条件之一,声誉则是当事人及其代理律师选择仲裁员的重要考虑因素。同时,珍视和维护职业声誉,模范遵守社会公德,注重陶冶品行和职业道德修养,是律师职业的基本准则之一,这在一定程度上与仲裁员的职业道德和行为操守是相一致的。无论作为律师还是担任仲裁员,都应当加强自我修炼,培养从独立公正的视角来分析和解决问题的思维

---

① Pierre Lalive, On the neutrality of the arbitrator and of the place of arbitration. in: Swiss Arbitration Association(ed.), Swiss Essays on International Arbitration, 1984, p. 23.

和习惯,格外爱惜自己的“羽毛”,倍加珍惜作为仲裁员的崇高荣誉。

Abstract Since the judicial power of supervision over arbitration has been restrained, great importance has been therefore attached to independence and impartiality of arbitrators, the realization of which depends on their accurate understanding of their own role and their ideological level. To serve as arbitrators, attorneys have to perceive their role accurately and accomplish their role transition between attorney and arbitrator in due course. Besides being jurist and dispute resolver, attorneys also have to be respected and trusted by professional colleagues or commercial parties on account of their integrity to serve as arbitrators. In the meantime, attorneys who serve as arbitrators have to improve their own ideological level and strictly obey the arbitration rules and guiding principles with respect to independence and impartiality of arbitrators, including but not limited to the rules and principles regarding to disclosure of information and withdrawal of arbitrators in circumstances of interest conflict.

Keywords Attorney Arbitrator Role Stature

完善制度是解决仲裁送达难题的有效途径

——以武汉仲裁委员会送达规定为例

刘春梅*

摘　要　仲裁送达是仲裁司法监督的重要内容。仲裁送达应当遵循合法原则、尊重当事人意思自治原则和灵活高效原则。完善仲裁送达制度，应当将保障和便利当事人依法行使仲裁权利与保障仲裁程序顺利进行二者相结合，将保障受送达人合法权益与有效规制恶意规避送达行为相结合，合理分配当事人与仲裁机构的程序权利与义务，完善送达确认规范，规范送达方式的适用顺序与适用条件，明确送达方式的适用程序和有效送达的判断标准。

关键词　仲裁送达　民事诉讼送达　送达确认　送达方式

仲裁送达，是指在仲裁过程中，仲裁委员会依照法定或者当事人约定的方式，将仲裁文书、通知和其他材料交付当事人和其他仲裁参与人的行为。仲裁送达贯穿于仲裁案件的立案、庭审、裁决的始终，是连接仲裁程序各个阶段的纽带和桥梁。“在商事仲裁中，

* 法学博士，中南财经政法大学副教授。主要研究领域：民事诉讼法、仲裁法。

送达是一项不可或缺的行为,如一根链条一样把商事仲裁的各个环节连接起来并使之成为一个连贯和谐的整体,缺少了它,整个商事仲裁程序就变得支离破碎,无法有效运作和进行。”[①]合法有效的送达既是仲裁程序顺利推进的前提,也是仲裁裁决获得合法性的必要条件。在仲裁实践过程中,由于仲裁送达理论研究滞后,仲裁送达制度规范普遍供给不足,[②]导致一些案件因仲裁送达不能而影响仲裁程序的顺利推进,一些案件仲裁裁决的合法性因送达行为瑕疵而受到了挑战,仲裁送达的现状在一定程度上对仲裁公信力造成了不良影响。武汉仲裁委员会为了完善仲裁送达制度,规范仲裁送达行为,制定了《武汉仲裁委员会仲裁送达的若干规定》(以下简称《送达规定》),本文结合该规定,研究探讨仲裁送达的原理与规则,希望对完善仲裁送达制度和指导仲裁送达实践有所裨益。

一、仲裁送达的原理

无论是在民事诉讼,还是在仲裁过程中,送达都占有重要的地位,送达能否顺利进行,关系到当事人的知情权和程序参与权能否得到实现。美国史蒂文·苏本教授在《美国民事诉讼的真谛》一书中,曾经论述道:“任何人的生命、自由或财产不能在未经预先通知和听审争议的前提下被任何机构剥夺或者裁决。正是被赋予通知和听审的权利,以及控制呈示案件的权利提高了人们个人的力量

① 何其生:《域外送达制度研究》,北京大学出版社2006年版,第21页。

② 在民事诉讼中,规范民事诉讼送达的制度规范包括《民事诉讼法》中的9个条文(第84~92条),最高人民法院《关于适用〈中华人民共和国民事诉讼法〉的解释》中的12个条文(第130~141条),此外最高人民法院为了解决“送达难”,还专门发布了两个关于送达的规范性文件,即2004年颁布的最高人民法院《关于以法院专递方式邮寄送达民事诉讼文书的若干规定》(共计12条)和2017年颁布的最高人民法院《关于进一步加强民事送达工作的若干意见》(共计17条)。与民事诉讼送达规范相比较,仲裁送达规范明显制度供给不足,《仲裁法》没有关于仲裁送达方式的专门规范,各仲裁委员会关于仲裁送达的规定寥寥几条也普遍不能满足仲裁实践的需要。

和尊严。"[①]美国麦克尔·D. 贝勒斯在《法律的原则——一个规范的分析》中写道："通知的权益和发表意见的机会是如此之根本，以至于只有存在最重大的理由，并且尽一切可能保护被告的利益时，才可剥夺。"[②]《纽约公约》第5条第1款第(b)项规定："作为裁决执行对象的当事人，没有被给予指定仲裁员或者进行仲裁程序的适当通知，或者由于其他情况而不能对案件提出意见"，可以作为拒绝承认与执行外国仲裁裁决的理由。基于程序正义的要求，仲裁文书、通知和其他材料需要全面及时的送达双方当事人，给予双方当事人合理适当的阐述意见的机会。仲裁送达决定了当事人参与仲裁程序的时间，关系到当事人能否及时、充分地参加仲裁程序，直接影响到当事人及其他仲裁参与人仲裁权利的行使和保障。因此，科学合理的仲裁送达制度，对于保障仲裁程序公正和提高仲裁效率具有重要影响。

仲裁送达制度与民事诉讼送达制度既有联系也有区别。从送达的目的来看，二者具有共同性，都要保障当事人的知情权和程序参与权，保障程序的顺利推进。从送达的价值取向来看，也具有共同的价值追求，既要充分考虑送达行为的合法性与正当性，也要注重提高效率，减少成本；从有效送达的判断标准来看，也具有共同的要求，都是以到达主义为原则，以发送主义为必要补充。

仲裁送达制度与民事诉讼送达制度也有区别，二者的区别是由仲裁与民事诉讼性质的不同所决定的。民事诉讼是强制性的纠纷解决方式，民事诉讼送达是法院职权行为，以国家强制力保障送

① [美]史蒂文·苏本、玛格瑞特(绮剑)·伍：《美国民事诉讼的真谛——从历史、文化、实务的视角》，蔡彦敏、徐卉译，法律出版社2002年版，第25页。

② [美]麦克尔·D. 贝勒斯：《法律的原则——一个规范的分析》，张文显、宋金娜、朱卫国、黄文艺译，中国大百科全书出版社1996年版，第51页。

达的有效性,具有强制性特点。仲裁是当事人意思自治的产物,仲裁机构的性质决定了仲裁送达不具有强制性,没有国家强制力来保障送达效果。在仲裁送达方式的确定方面,仲裁送达以当事人意思自治为原则,当事人可以协商确定送达方式、送达程序和送达地址,约定送达具有优先地位,而民事诉讼中当事人没有协商选择权,民事诉讼送达更多的体现的是法定性。基于二者之间的上述区别,仲裁送达不应当完全简单套用民事诉讼送达规则。对此,最高人民法院在《关于办理仲裁裁决执行案件若干问题的规定》第14条第2款明确规定:"当事人主张未按照仲裁法或仲裁规则规定的方式送达法律文书导致其未能参与仲裁,或者仲裁员根据仲裁法或仲裁规则的规定应当回避而未回避,可能影响公正裁决,经审查属实的,人民法院应当支持;仲裁庭按照仲裁法或仲裁规则以及当事人约定的方式送达仲裁法律文书,当事人主张不符合民事诉讼法有关送达规定的,人民法院不予支持。"该规定针对实践中以民事诉讼送达规定衡量判断仲裁送达合法性的做法进行了纠正,确立了以仲裁法或仲裁规则以及当事人的约定判断仲裁送达合法性的标准,对于统一仲裁送达标准认识、指导仲裁送达实践和完善仲裁送达规范具有重要的指导意义。

二、武汉仲裁委员会送达规定的特点

武汉仲裁委员会在研究分析仲裁送达原理,借鉴域内外仲裁送达制度经验,总结因仲裁送达违法导致裁决被撤销与不予执行实践的基础上,适度借鉴了有关民事诉讼送达的立法和相关司法解释的规定,制定了《送达规定》。该规定具有以下特点:

(一)明确送达规定制定的宗旨

《送达规定》开宗明义,明确了《送达规定》制定的宗旨为:为保障和便利仲裁当事人依法行使仲裁权利,保障仲裁程序的顺利进行,提高仲裁送达的质量和效率,维护仲裁送达的权威,根据《仲裁法》《武汉仲裁委员会仲裁规则》及相关规定,制定本规定。

在实践中,仲裁送达与民事诉讼送达一样出现了非常突出的"送达难"现象。"送达难"现象是多因一果的体现,既有来自于当事人的不配合、消极拒收等因素,也有由于民事主体人口流动、企业搬迁,而相关登记信息滞后等因素,"送达难"已经成为各仲裁委员会普遍面临的一个难题。面对仲裁送达实践中存在的种种问题,武汉仲裁委员会尝试通过完善送达制度,创新仲裁案件送达机制,解决仲裁送达难的问题。在《送达规定》制定的指导思想上,明确了将保障和便利仲裁当事人依法行使仲裁权利与保障仲裁程序顺利进行二者相结合,兼顾当事人的利益保障与仲裁程序的进行,既要提高仲裁送达的质量也要兼顾仲裁送达的效率,既要保障当事人的程序利益也要维护仲裁送达权威的指导思想。该指导思想的确立对于纠正仲裁送达实践中片面强调当事人的利益保护,而淡化弱化仲裁送达权威的做法是一个矫正。

(二)确立仲裁送达的原则

仲裁送达的原则是在确立仲裁送达规范时须要遵循的基本指导思想和基本准则。《送达规定》在第1条确立了仲裁送达须要遵循的三项原则,即合法原则、尊重当事人意思自治原则和灵活高效原则。

首先,仲裁送达应当遵循合法原则,仲裁送达要符合《仲裁法》和《仲裁规则》的要求。从《仲裁法》的规定来看,《仲裁法》第24条规定:"仲裁委员会收到仲裁申请书之日起5日内,认为符合受理条件的,应当受理,并通知当事人;认为不符合受理条件的,应当书面通知当事人不予受理，并说明理由。”《仲裁法》第25条规定：“仲裁委员会受理仲裁申请后，应当在仲裁规则规定的期限内将仲裁规则和仲裁员名册送达申请人，并将仲裁申请书副本和仲裁规则、仲裁员名册送达被申请人。被申请人收到仲裁申请书副本后，应当在仲裁规则规定的期限内向仲裁委员会提交答辩书。仲裁委员会收到答辩书后，应当在仲裁规则规定的期限内将答辩书副本送达申请人。被申请人未提交答辩书的，不影响仲裁程序的进行。”上述《仲裁法》的规定作为强行性规范，各仲裁委员会在仲裁程序中必须遵循。目前，我国《仲裁法》对送达方式没有做出明确的规定，但各仲裁委员会制定的仲裁规则一般都有关于送达的规定。仲裁委员会关于仲裁送达的规定构成了判断仲裁送达合法性的依据之一。

其次，仲裁送达应当遵循尊重当事人意思自治原则，这是由仲裁的特点决定的。当事人意思自治既是仲裁制度的灵魂，也是仲裁制度生命力的源泉，是仲裁的基石性原则。最大限度尊重当事人意思自治是仲裁优越性的体现。《送达规定》充分体现了尊重当事人意思自治的精神。《送达规定》第3条确立了约定送达优先的原则，第3条第1款规定除当事人另有约定外，仲裁送达应当以直接送达和邮寄送达为主，以电子送达、公告送达和其他方式为补充。该规定确立了仲裁送达以当事人约定的送达方式优先的原则。

最后，仲裁送达应当遵循灵活高效原则。灵活高效是仲裁相对于民事诉讼的又一大优势。《送达规定》多个条款体现了灵活高效原则的要求，如以拍照、录像、见证人见证等方式记录送达过程；在当事人躲避和规避送达的情形下区别不同情形确立送达地址；

送达方式按照有利于让受送达人收取仲裁文书、通知和其他材料,有利于知悉仲裁情况,有利于提高送达效率的原则确定,等等,上述条款是灵活高效原则在仲裁送达规定中的体现。

(三)保障受送达人合法权益与有效规制恶意规避送达行为相结合

实践中,送达难的形成原因,既有由于人户分离等客观因素的影响,也有受送达人逃避、躲避送达而带来的阻碍。《送达规定》将保障受送达人合法权益与有效规制恶意规避送达行为二者紧密结合,将仲裁的诚信、善意、合作及妥善解决争议的原则在仲裁送达中予以体现。

《送达规定》明确了受送达人提供虚假地址或者提供地址不准确、送达地址变更未书面及时告知仲裁委员会的不利后果,意味着送达地址不准确的法律后果全部由受送达人自行承担,对于那些试图通过送达地址的虚假、不准确或者不提供送达地址,来迫使仲裁委员会采取邮寄送达、公告送达等送达周期较长的送达方式,从而达到拖延仲裁程序,借机转移财产、拖延仲裁的受送达人来说是一个有效的规制。

《送达规定》还明确了受送达人逃避送达的处理。当事人拒不提供送达地址或者以拒绝应诉、拒接电话、躲避送达人员等方式躲避、规避送达的情形在实践中比较突出。这些情形不仅严重浪费仲裁资源,损害对方当事人合法权益,而且严重干扰了正常的仲裁秩序,损害了仲裁的权威。在这些情形下,送达地址不明确,有必要通过合理方式确定与当事人联系最为密切的地址进行送达,使受阻滞的仲裁程序得以顺利进行。《送达规定》借鉴了民事诉讼送达相关司法解释的经验,遵循意思自治原则,确立了在当事人拒绝确认情况下的确认送达地址的规则，对于仲裁程序的顺利推进和维护仲裁权威具有十分重要的意义。

(四)合理分配当事人与仲裁机构的程序权利和义务

仲裁作为解决民商事纠纷的方式，具有契约性、自治性、准司法性与民间性。从仲裁权的起源来看，仲裁权源于当事人的自由意志，仲裁具有契约性和自治性；从仲裁程序运行和最终裁决结果的法律效力来看，仲裁具有准司法性；从仲裁制度的产生来看，仲裁还具有民间性。基于仲裁的上述属性，仲裁委员会在仲裁文书、通知和其他材料的送达方面，享有法定的权利，同时也应当承担相应的义务。从仲裁当事人的角度看，仲裁结果与当事人的利益息息相关，当事人在仲裁送达过程中也享有法定的权利，同时也应当承担相应的义务。

《送达规定》总结仲裁送达实践经验，适度借鉴民事诉讼送达司法解释的相关成果，在当事人与仲裁机构之间合理分配了权利义务。具体而言，当事人在仲裁送达方面享有以下权利：其一，约定送达方式和送达地址；其二，确认送达方式和送达地址；其三，依照《仲裁法》的规定获取仲裁文书、通知和其他材料；其四，指定仲裁文书、通知和其他材料代收人；等等。当事人在仲裁送达方面应当履行以下义务：第一，向仲裁委员会提交送达确认书，确认送达方式和送达地址；第二，准确、规范、完整地填写送达地址；第三，在仲裁结案文书送达之前变更送达地址的，及时以书面方式告知仲裁委员会；第四，提供对方当事人最新、最准确的送达地址、电话号码等联络信息或者可能获得送达地址的相关线索。特别需要强调的是，仲裁申请人负有主动查询被申请人地址的义务，申请人不主动查询和提供被申请人地址，可能就要承担因被申请人地址不明而导致的仲裁程序迟延以及送达不能等后果和风险。

仲裁委员会在仲裁送达方面享有以下权利：其一，在当事人申请仲裁、被通知答辩或者参加仲裁时，要求当事人提交送达确认书，向仲裁委员会确认送达方式和送达地址；其二，要求一方当事人提供对方当事人最新、最准确的送达地址、电话号码等联络信息或者可能获得送达地址的相关线索；其三，除当事人另有约定外，按照有利于让受送达人收取仲裁文书、通知和其他材料，有利于受送达人知悉仲裁情况，有利于提高送达效率的原则确定仲裁送达方式。仲裁委员会在仲裁送达方面应当履行以下义务：第一，按照《仲裁法》的规定，及时全面送达仲裁文书、通知和其他材料；第二，除当事人另有约定外，采用直接送达、邮寄送达、电子送达、公告送达等方式或者本会认为适当的其他方式送达；第三，合理查询受送达人地址。

在受送达人地址不明的情况下，“合理查询”义务的承担主体在本质上是仲裁申请人而不是仲裁委员会。首先，仲裁委员会作为解决民商事纠纷的机关，不是任何一方当事人，不负有对一方当事人未能提供的对方当事人的地址向有关部门进行主动的、直接的“合理查询”义务；其次，《送达规定》在第5条第3款中涉及的“本会或者对方当事人经合理查询仍不能找到受送达人的上述任一地址”，此处的“合理查询”主体既包括仲裁委员会也包括对方当事人（一般是仲裁申请人），仲裁委员会的合理查询义务应当理解为仲裁委员会要求申请人核查被申请人地址，而并非指仲裁委员会向除当事人及其代理人以外的其他机构去查询另一方当事人的送达地址。在仲裁案件中，被申请人地址不明的查询义务应当由申请人承担，而不应由仲裁案件的机构仲裁委员会承担。需要注意的是，仲裁委员会在特定情形下可以向第三方进行合理查询。仲裁委员会在被申请人地址不明的情况下，有权向申请人以及申请人以外的第三方进行合理查询，以保障被申请人合法权益，保障仲裁程序的顺利进行，这是仲裁委员会享有的自主权力，是仲裁委员会应一方当事人的申请或者根据审理案件的需要而自行决定的事项。

三、武汉仲裁委员会送达规定的创新

综观国内200多家仲裁机构制定的仲裁规则，关于仲裁送达的规定有对国际商事仲裁送达经验的参考借鉴，具有一定的科学性，但与仲裁送达实践的需求还有着非常大的差距，制度供给明显不足。武汉仲裁委员会的《送达规定》既有对国内200多家仲裁机构关于送达规定的借鉴，也吸收了国际商事仲裁送达的有效经验，还参考了民事诉讼送达司法解释相关规定的成果，体现了充分的前瞻性、现代性、适应性、灵活性和高效性特征。

（一）制定完备的送达确认规范

《送达规定》详尽规范了送达确认行为，对当事人的送达确认、仲裁代理人代收、变更送达地址的告知、提供虚假地址的法律后果、规避送达情形下送达地址的确认等进行了全面系统的规范。第一，当事人申请仲裁、被通知答辩或者参加仲裁时应当向本会提交送达确认书，向本会确认送达方式和送达地址。该条款确定了要求当事人确认送达地址的时间节点，即应当在第一次接触当事人时要求当事人填写送达地址确认书，确认送达地址。在仲裁立案阶段，应当要求申请仲裁的当事人确认送达地址。当事人拒绝确认送达地址的，属于提交的立案材料不符合要求的情形，应当告知当事人补正；逾期未补正的，退回仲裁申请书或者决定不予立案。在立案时要求申请人确认送达地址是十分必要的，以保障后续仲裁程序的顺利推进。第二，明确了当事人准确、规范、完整填写送达地址的义务。第三，明确了仲裁代理人所确认的送达地址视为当事人的送达地址。第四，确定了当事人在仲裁结案文书送达之前变更送达地址的告知义务。第五，送达地址不准确的法律后果全部由受送达人自己承担。鉴于此，一方面，受送达人必须重视自己地址的准确性，尽可能多地留下自己可能的联系方式；另一方面，对于那些试图通过送达地址的虚假、不准确或者不提供送达地址等规避仲裁送达的行为进行了有效的规制。第六，对受送达人逃避送达进行了有效的规制。仲裁委员会可以要求一方当事人提供对方当事人的最新、最准确的送达地址、电话等联络信息或可能获得送达地址的相关线索，以便及时、有效实施送达。商事案件的当事人双方一般是发生过业务往来的，一方当事人掌握对方当事人的身份信息也是必然的。因此，在仲裁立案时应当严格把关，提醒并要求申请人提供被申请人最新、最准确的送达地址、电话号码等联络信息，方便仲裁委员会及时联系当事人。

（二）穷尽送达地址

明确受送达人地址是实现有效送达的前提。由于地址不准确、当事人更换地址、故意躲避等原因，常常导致送达工作无法顺利进行。为了解决受送达人地址不明的问题，切实保障受送达人知情权和程序参与权，《送达规定》以穷尽送达地址为原则，设立了比较完备的确认送达地址规范。《送达规定》明确了受送达人逃避送达情形下，送达地址确认的顺序：

1. 当事人在仲裁所涉及的合同、往来函件中对送达地址有明确约定的，以约定的地址为送达地址。

以当事人约定的地址作为送达地址,符合当事人的意思自治,也最有可能为当事人知晓。因此,当事人在合同、往来函件中约定的送达地址为送达地址不明确时的第一顺位选择。该规定强调了当事人在事前对送达地址约定的重要性,只要当事人在合同中明确约定了送达地址,即使日后发生纠纷,一方当事人逃避送达,仲裁委员会都可以依据当事人之前在合同中约定的地址完成送达,达到送达的法律效果。

2. 没有约定的,以当事人在仲裁中提交的书面材料中载明的自己的地址为送达地址。

当事人在仲裁中向仲裁委员会提供过书面材料,其上载明的当事人自己的地址可以视为其认可的地址。在当事人对于送达地址无约定的情况下,可以作为送达地址。

3. 没有约定、当事人也未提交书面材料或者书面材料中未载明地址,以受送达人一年内进行其他诉讼、仲裁案件中提供的地址为送达地址。

在没有约定、当事人也未提交书面材料或者书面材料中未载明地址的情形下,可以通过关联案件检索确定当事人的送达地址。通过信息化系统进行查询,能够有效确定相应的数据信息。以一年内受送达人进行其他诉讼、仲裁案件中提供的地址作为送达地址,具有合理性、现实性,也兼顾了送达的实际效果。

4. 无以上情形的,以受送达人一年内进行民事活动时经常使用的地址为送达地址。

在没有以上情形时,如果能够查询到受送达人一年内从事民事活动时经常使用的地址的,可以以该地址作为送达地址。比较典型的是网络购物活动中的收货地址,如果当事人经常使用,可以作为当事人的送达地址。

5. 依上述规定仍不能确定送达地址的，自然人以其户籍登记的住所或者在经常居住地登记的地址为送达地址，法人或者其他组织以其工商登记或其他依法登记、备案的住所地为送达地址。

这一规定是对于前述方式均无法确定送达地址时的处理方式。现实中，经常发生自然人的户籍登记地址、经常居住地登记地址根本不是实际的地址，而单位的工商登记地址与实际经营地址发生分离的情况也很常见。在这种状况下，通过这种地址进行送达，当事人是无法实际收到文书的。因此，将其排在送达地址确认的末位顺序。

为了确保受送达人能够收取仲裁文书、通知和其他材料，该条第6款还规定了存在多个送达地址情形下的处理方式。存在多个送达地址的，仲裁委员会可以根据案件具体情况，确定一个送达地址；也可以多地址同时送达。

（三）规范送达方式的适用顺序与适用条件

《送达规定》确定了直接送达、邮寄送达、电子送达、公告送达等送达方式，并确立了送达方式适用的顺序。除当事人另有约定外，仲裁送达应当以直接送达和邮寄送达为主，以电子送达、公告送达和其他方式为补充。

直接送达是指仲裁委员会派专人将文书直接交付给受送达人签收的送达方式。从送达效果来看，直接送达传递的信息最充分、直接，也最真实、可靠，最有利于当事人收取，所以，直接送达具有最优先的适用地位。凡是能够直接送达给受送达人或其代收人的，都应当直接送达。尤其对于裁决书、调解书等可能对受送达人权益造成重大影响的仲裁文书，应尽可能采取直接送达方式。仲裁委员会只有在客观上难以直接送达的情况下，才能选择其他送达方式。

邮寄送达是指仲裁委员会将送达的仲裁文书、通知和其他材料交付邮局，邮局用挂号或专递寄给受送达人的一种方式。邮寄送达是因受送达人距送达人住地比较远，直接送达困难而采取的一种比较简便的送达方式。邮寄送达与直接送达具有同等法律效力。邮寄送达因其简便性、有效性，是仲裁送达实践中广泛采用的送达方式。

电子送达是由于科学技术的发展而产生的新的送达方式。电子送达具有简化信息传送方式，提高送达效率，使受送达人快速知晓文书内容等优势。电子送达应坚持自愿原则，以受送达人同意为电子送达的适用前提。传真、电子邮件等电子送达方式存在程序保障弱的局限性，如他人代替回复、电子邮箱自动回复、他人代为接收传真而使受送达人本人并未看到送达的法律文书等，电子送达的一些技术操作问题可能产生程序的漏洞。为了保障受送达人的程序利益，应当坚持自愿原则，以受送达人的同意为适用前提。只有在受送达人明确同意仲裁委员会采取此种方式向其送达仲裁文书、通知和其他材料，并且主动提供确切的传真号码或者电子邮件地址时才能适用电子送达，才能确保受送达人知情权和程序参与权的实现。电子送达的适用范围有限，排除裁决书、调解书的适用。裁决书、调解书对当事人的程序利益和实体利益影响最为关键，是当事人申请执行的依据，因此不能适用电子送达方式送达裁决书和调解书。

公告送达是通过一定媒介进行的向受送达人传递信息的活动。公告送达是一种推定的送达方式，即将应送达的仲裁文书、通知和其他材料通过一定方式公诸于众，经过合理期限，即视为受送达人已经知晓送达内容。公告送达并不等于事实上的受送达人知晓送达信息。因此，公告送达具有补充性，只有在直接送达、邮寄送达等送达方式完全不能送达的情况下，才能适用公告送达。《送达规定》第7条第1款明确了公告送达适用的前提是受送达人下落不明或者用其他送达方式无法送达。具体而言，受送达人系自然人，通过直接送达或邮寄送达无法向其送达仲裁文书、通知和其他材料，并且经过合理努力联系其本人、近亲属、所在单位或住所地基层组织仍然无法送达的，适用公告送达；受送达人系法人或其他组织，该法人、其他组织已经搬离其登记、备案的住所地，其主要办事机构所在地、营业场所等无人办公营业，且经过合理努力联系相关人员仍无法向法人、其他组织的法定代表人、主要负责人等送达仲裁文书、通知和其他材料的，适用公告送达。

（四）严格送达方式的适用程序

《送达规定》明确了各种送达方式的适用程序。以直接送达和邮寄送达为例。关于直接送达，《送达规定》明确了直接送达的送达地址、送达对象、送达程序和送达后果。直接送达的送达地址，既可以是受送达人确认的地址，也可以通知受送达人到本会或指定地点领取，还可以在遇见受送达人的场所向其直接送达，体现了仲裁送达的灵活性。直接送达的送达对象，受送达人是自然人的，本人不在时交由其成年家属签收；受送达人是法人或其他组织的，应当由法人的法定代表人、其他组织的负责人或者办公室、收发室、值班室等负责收件的人签收。受送达人有代理人的，可以送交其代理人签收；受送达人已向本会指定代收人的，送交代收人签收。上述人员在送达回证上签收的日期为送达日期。法人和其他组织主要办事机构所在地和登记、备案的住所地无人办公营业的，可以向法人的法定代表人和其他组织的主要负责人直接送达。因送达行为可能给当事人实体权利与程序权利带来重大的法律后果，代收人范围过宽容易对受送达人造成不利影响，因此还需要严格掌握代收人的范围。直接送达，要求受送达人或代收人签收，拒绝签收的，送达人可以采用拍照、录音录像、见证人见证等方式记录送达过程，即视为送达。

《送达规定》规范了邮寄送达的送达地址、送达日期和推定送达。关于邮寄送达的送达地址，邮寄至受送达人确认的送达地址，即视为送达；当事人未确认送达地址的，依照前述规定第 2 条第 6 款确定送达地址。受送达人未确认送达地址，仲裁文书在第一次邮寄受送达人成功，受送达人未通知本会变更送达地址，在此后的程序中邮寄至同一地址无人签收的，视为送达。邮寄送达以邮件回执上注明的收件日期为送达日期。受送达人、代理人、代收人拒绝签收或者要求退回邮寄的仲裁文书、通知和其他材料的，仲裁文书、通知和其他材料退回之日视为送达之日。《送达规定》借鉴国际商事仲裁送达制度经验，规定了推定送达。其第 5 条第 3 款规定："如本会或者对方当事人经合理查询仍不能找到受送达人的上述任一地址，而以邮寄、专递的方式或者能提供投递记录的包括公证送达、留置送达在内的其他方式投递给受送达人最后一个为人所知的营业地、注册地、住所地、经常居住地或者其他通讯地址，即视为送达。"推定送达视为有效送达需要满足三个条件：其一，合理查询，查询义务主要在对方当事人，可以提供一个或多个可能的有效地址；其二，能够提供投递记录；其三，最后一个为人所知的地址，在一定程度上体现了穷尽送达的要求。推定送达兼顾了送达的实际效果和仲裁程序的效率要求。

（五）明确有效送达的判断标准

由于送达对受送达人程序利益和实体利益影响巨大，因此有效送达的判断标准仍然应当坚持以到达主义为原则，以发送主义为必要补充。在受送达人地址能够查询到的情况下，直接送达或邮寄送达至受送达人的有效地址即视为有效送达。为了尽可能地使受送达人收取文书、通知和其他材料，需要穷尽送达地址，尽可能查询到受送达人地址。在穷尽送达地址，经合理查询仍不能找到受送达人的情况下，需以邮寄、专递或者可以提供投递记录的包括公证送达、留置送达在内的其他方式投递给受送达人最后一个为人所知的营业地、注册地、住所地、经常居住地或者其他通信地址，视为有效送达。关于公告送达，不仅在适用前提上仅限于受送达人下落不明或者用其他送达方式无法送达，而且适用程序上要求由当事人向本会提出书面申请并且预缴公告费用。在没有全面调查当事人下落、没有用尽其他方式的情况下，不宜轻易采用公告送达。

《送达规定》兼顾送达效果与程序效率要求，在当事人与仲裁机构之间合理分配了程序权利义务，明确了送达适用的条件与程序，对于保障当事人知情权和程序参与权，保障仲裁程序的顺利推进，做出了积极的探索，对于规范仲裁送达实践具有积极意义。

Abstract Arbitration service is an important part of judicial supervision on arbitration. The arbitration service should follow the principle of lawfulness, respecting autonomy of the parties and the principle of flexibility and efficiency. In order to improve the arbitration service system, it's necessary to combine the protection and facilitation of the parties to exercise the arbitration rights legally and the guarantee of the smooth proceeding of arbitration proceedings, to combine the safeguard of legitimate rights and regulation with the effective of malicious evasive service, and to rationally allocate the procedural rights and obligations between parties and arbitral institutions. In addition, improving the specification of service confirmation, standardizing the applicable order and applicable conditions of the service methods, and clarifying the applicable procedures of delivery methods and the judgement standard of effective service are requirements.

Keywords Arbitration service Civil litigation service Service confirmation Service methods

【资料选登】

武汉仲裁委员会仲裁送达的若干规定

为保障和便利仲裁当事人依法行使仲裁权利,保障仲裁程序的顺利进行,提高仲裁送达的质量和效率,维护仲裁送达的权威,根据《中华人民共和国仲裁法》、《武汉仲裁委员会仲裁规则》及相关规定,制定本规定。

第一条　送达原则

本会在仲裁过程中办理有关仲裁文书、通知和其他材料的送达事务,应遵循合法、尊重当事人意思自治、灵活高效原则,切实保障受送达人合法权益,有效规制规避送达的行为。

第二条　送达地址

(一)当事人申请仲裁、被通知答辩或者参加仲裁时应当向本会提交送达确认书,向本会确认送达地址。

(二)当事人应当准确、规范、完整地填写送达地址,详细记录包括邮政编码、当事人地址以及受送达人的联系电话等。受送达人同意采用电子方式送达的,应当书面予以确认,并提供接收仲裁文书、通知和其他材料的传真号、电子邮箱、短信接收号码、微信号等电子送达地址。

(三)当事人将其仲裁送达地址确认为其委托的代理人代收

的，在当事人未书面通知本会解除该委托之前，以当事人确认的地址为送达地址。

（四）当事人在仲裁结案文书送达之前变更送达地址的，应当及时以书面方式告知本会。当事人未书面告知的，以当事人确认的地址为送达地址。

（五）因受送达人提供虚假地址或者提供地址不准确、送达地址变更未书面及时告知本会，送达人按照受送达人确认的送达地址送达后，仲裁文书、通知和其他材料未能被受送达人实际接收的，直接送达的，送达人当场在送达回证上记明情况之日为送达之日；邮寄送达的，文书被退回之日为送达之日；电子送达的，以电子系统记录未成功送达之日为送达之日。

（六）当事人拒绝确认送达地址或以拒绝参加仲裁、拒接电话，避而不见送达人、搬离原住所等躲避、规避送达，本会不能或无法要求其确认送达地址的，可以分别以下情形处理：

1. 当事人在仲裁所涉及的合同、往来函件中对送达地址有明确约定的，以约定的地址为送达地址；

2. 没有约定的，以当事人在仲裁中提交的书面材料中载明的自己的地址为送达地址；

3. 没有约定、当事人也未提交书面材料或者书面材料中未载明地址的，以受送达人一年内进行其他诉讼、仲裁案件中提供的地址为送达地址；

4. 无以上情形的，以受送达人一年内进行民事活动时经常使用的地址为送达地址；

5. 依上述规定仍不能确定送达地址的，自然人以其户籍登记的住所或者在经常居住地登记的地址为送达地址，法人或者其他组织以其工商登记或其他依法登记、备案的住所地为送达地址。

存在多个送达地址的,本会可以根据案件具体情况,确定一个送达地址;也可以多地址同时送达。

(七)本会可以要求一方当事人提供对方当事人的最新、最准确的送达地址、电话等联络信息或可能获得送达地址的相关线索,以便及时、有效实施送达。

第三条　送达方式

(一)除当事人另有约定外,仲裁送达应当以直接送达和邮寄送达为主,以电子送达、公告送达和其他方式为补充。

(二)送达方式按照有利于让受送达人收取仲裁文书、通知和其他材料,有利于知悉仲裁情况,有利于提高送达效率的原则确定。

第四条　直接送达

(一)受送达人确认了送达地址的,可以按照受送达人确认的地址直接送达。

(二)受送达人未确认送达地址或确认的送达地址不便向受送达人直接送达的,可以通知受送达人到本会或指定地点领取仲裁文书、通知和其他材料,或者在可以遇见受送达人的场所向其直接送达。

(三)受送达人是自然人的,本人不在时交由其成年家属签收;受送达人是法人或者其他组织的,应当由法人的法定代表人、其他组织的负责人或者办公室、收发室、值班室等负责收件的人签收。受送达人有代理人的,可以送交其代理人签收;受送达人已向本会指定代收人的,送交代收人签收。上述人员在送达回证上签收的日期为送达日期。

（四）法人和其他组织主要办事机构所在地和登记、备案的住所地无人办公营业的，可以向法人的法定代表人和其他组织的主要负责人直接送达。

（五）受送达人、代理人、代收人拒绝接收仲裁文书、通知和其他材料，或者拒绝签署送达回证的，视为送达。送达人应当采用拍照、录音录像、见证人见证等方式记录送达过程，并在送达回证上记明拒收事由和日期并签名。

第五条　邮寄送达

（一）仲裁文书、通知和其他材料邮寄至受送达人确认的送达地址，即视为送达。

（二）当事人未向本会确认自己的送达地址的，依照本规定第二条第六款确定送达地址。仲裁文书、通知和其他材料邮寄至该地址，即视为送达。

（三）如本会或者对方当事人经合理查询仍不能找到受送达人的上述任一地点，而以邮寄、专递的方式或者能提供投递记录的包括公证送达、留置送达在内的其他方式投递给受送达人最后一个为人所知的营业地、注册地、住所地、经常居住地或者其他通讯地址，即视为送达。

（四）受送达人未确认送达地址，仲裁文书、通知和其他材料在第一次邮寄受送达人成功，受送达人未通知本会变更送达地址，在此后的程序中邮寄至同一地址无人签收的，视为送达。

（五）邮件回执上注明的收件日期为送达日期。受送达人、代理人、代收人拒绝签收或者要求退回邮寄的仲裁文书、通知和其他材料的，仲裁文书、通知和其他材料退回之日视为送达之日。

第六条　电子送达

（一）电子送达实行自愿原则。

（二）当事人在合同中明确约定采用电子方式送达并约定电子送达地址或者号码的，可以采用电子方式送达除裁决书、调解书以外的仲裁文书、通知和其他材料。

（三）电子送达可以采用传真、电子邮件、移动通信等即时收悉的特定系统作为送达媒介。本会对应系统显示的传真、电子邮件、手机短信、微信等发送成功的日期视为送达日期。

（四）采用传真、电子邮件方式送达的，送达人应记录传真发送和接收的号码、电子邮件发送和接收的邮箱、发送的时间、送达的仲裁文书、通知和其他材料的名称，并打印传真发送确认单、电子邮件发送成功网页，存卷备查。

（五）采用短信、微信等方式送达的，送达人应记录收发的手机号码、发送的时间、送达的仲裁文书、通知和其他材料的名称，并将短信、微信等送达内容拍摄照片，存卷备查。

（六）对于移动通讯工具能够接通但无法直接送达、邮寄送达的，除仲裁裁决书、调解书外，可以采取电话送达的方式，由送达人告知受送达人仲裁文书、通知和其他材料的内容，并记录拨打、接听的电话号码、通话时间、送达仲裁文书、通知和其他材料的内容，通话过程应当录音以存卷备查。

第七条　公告送达

（一）受送达人下落不明或者用其他送达方式无法送达的，可以适用公告送达。

（二）公告送达应当由当事人向本会提出书面申请，并预缴公告费用。

（三）公告送达可以在受送达人住所地张贴公告，也可以在报纸、信息网络等媒体上刊登公告。自本会发出公告之日起，经过六十日，视为送达。本会在受送达人住所地张贴公告的，应当采取拍照、录像等方式记录张贴过程。

（四）公告送达，应当在案卷中记明原因和经过。

（五）国际商事仲裁案件不适用公告送达。

第八条　适用范围

本规定适用于除网上仲裁以外的案件。

第九条　规定的施行

本规定自2018年12月1日起施行。

征稿启事

《武汉仲裁》原名《商事仲裁》，是一本汇集仲裁等民商事理论与实践问题文章的连续出版物，包括专论、仲裁实务、理论探索、仲裁论坛、域外撷英、仲裁员手记、热点聚焦等栏目。《武汉仲裁》提倡通过理论研究解决仲裁实践中的问题，提倡和尊重有见地的观点和争鸣。竭诚欢迎关心和支持仲裁事业发展的各界人士踊跃投稿。

现将有关事宜说明如下：

一、来稿要求观点明确，论据充分，论证缜密，材料翔实，行文简洁流畅。篇幅在5000~10,000字为宜。

二、投稿方式可以采用多种方式，包括稿件、软盘和电子邮件，本编辑部邮箱为：gongzuochu@ whac. org. cn。

来稿须有200字以内的摘要和3~8个关键词，并将标题、摘要、关键词的英文翻译附于文末，引文务必查对准确，注明出处，注释一律采用脚注。

三、来稿请注明作者姓名、单位、职称（或职务）、学位、研究方向、联系电话、通信地址、邮政编码、邮箱等。

四、稿件请务必是第一次投稿。稿件采用与否，编辑部将在3

个月内予以答复。超过3个月未收到处理意见者,作者可自行处理,请作者自留底稿。

五、为扩大本出版物影响及作者交流渠道,本出版物已被CNKI中国期刊数据库全文收录。凡向本出版物投稿的稿件,即视作者同意授权出版其作品,包括但不限于纸质图书出版权、电子版信息网络传播权、无线增值业务权等权利,授权本出版物可授予合作单位再使用、相关数据库收录的权利,作者前述相关的著作权使用费将由编辑部在稿酬内一次性支付。若作者不同意权属授权的,请在来稿时书面声明;作者未书面声明的,视为同意编辑部的前述安排。

六、稿件一经采用,稿酬从优,将及时支付并奉送样刊。对具有特殊价值的稿件,将给予额外奖励。

七、本书所载文章,文责自负。

来稿请寄:武汉市汉口台北路云林街67号《武汉仲裁》编辑部或武汉仲裁委员会仲裁员工作处收

邮编:430017

电话:(027)85711126　85711030(咨询)

联系人:陈晓梅　张肖铮

《武汉仲裁》编辑部

附件1:论文统一格式规范

附件2:注释参考体例

附件1

论文统一格式规范

1. 文章标题为宋体,小三,加粗,居中;副标题为宋体,四号,居中。

2. 作者姓名标于论文标题下一行,楷体,小四,居中。作者职务或职称、学位、研究方向以注释的形式在第一页下脚注注明;作者注释符号为“*”。

3. 论文内各级标题为黑体,五号;标题序号依次采用“一”“(一)”“1.”。

4. 内容提要为楷体,五号。

5. 论文正文为五号宋体,全文单倍行距,页面上下左右边距皆2.6厘米。

6. 论文所有注释均采用每页页下脚注,注释序号为①②③,脚注文字为小五号楷体。

附件2

注释参考体例

一、一般规定

(一)注释为脚注,每页单独计码。文中及页下脚注均用①②③……,标注于标点符号外。

(二)注文中的信息顺序:作者、文献名称、卷次(如有)、出版者及版次、页码。

(三)定期出版物的注释顺序:作者、文章篇名、出版物名称年份及卷次、页码。

(四)引用网上资料的注释顺序:作者、文献名、网站名、网址、最后访问日期。

(五)引用之作品,文章、书、刊物、报纸及法律文件名,用书名号。

(六)译著的注释顺序为:国籍外加中括号、作者、文献名称、译者、出版者及版次,页码。

(七)非引用原文者,注释前加"参见";非引自原始出处者,注释前加"转引自"。

(八)引用外文的,遵循该语种的通常注释习惯。

二、范例

(一)著作类

①谭兵著:《中国仲裁制度研究》,法律出版社1995年版,第65页。

②杨贤坤、邓伟平主编:《澳门法律研究》,中山大学出版社1997年版,第178页。

(二)论文类

①余先予、朱世强:《关于香港与内地仲裁裁决承认与执行问题》,载《政治与法律》1998年第6期。

(三)文集类

①杜颖:《论商品化权》,载梁慧星主编:《民商法论丛》(第13期),法律出版社2000年版,第23页。

(四)译作类

①[英]梅因著:《古代法》,沈景一译,商务印书馆1984年版,

第102页。

（五）报纸类

①蒋集跃：《裁判文书改革刻不容缓》，载《人民法院报》1999年6月5日，第5版。

（六）辞书类

①《辞海》，上海辞书出版社1979年版，第932页。

（七）网络类

周强：《最高人民法院工作报告》，载最高人民法院官网：http://www.court.gov.cn/zixun-xiangqing-87832.html，最后访问日期：2018年6月20日。

图书在版编目(CIP)数据

武汉仲裁. 第1辑 / 武汉仲裁委员会，湖北省法学会仲裁法研究会主办. -- 北京 ：法律出版社，2018
ISBN 978 - 7 - 5197 - 3006 - 2

Ⅰ. ①武… Ⅱ. ①武… ②湖… Ⅲ. ①仲裁 - 司法监督 - 中国 - 文集 Ⅳ. ①D925.7 - 53

中国版本图书馆 CIP 数据核字(2018)第 291490 号

武汉仲裁(第1辑)
WUHAN ZHONGCAI(DI 1 JI)

武汉仲裁委员会
湖北省法学会仲裁法研究会 主办

策划编辑 沈小英
责任编辑 刘晓萌
装帧设计 李 瞻

出版 法律出版社
总发行 中国法律图书有限公司
经销 新华书店
印刷 固安华明印业有限公司
责任校对 李景美
责任印制 吕亚莉

编辑统筹 财经法治出版分社
开本 720 毫米×960 毫米 1/16
印张 9.75
字数 123 千
版本 2018 年 12 月第 1 版
印次 2018 年 12 月第 1 次印刷

法律出版社/北京市丰台区莲花池西里 7 号(100073)
网址/www. lawpress. com. cn
投稿邮箱/info@ lawpress. com. cn
举报维权邮箱/jbwq@ lawpress. com. cn
销售热线/010 - 83938336
咨询电话/010 - 63939796

中国法律图书有限公司/北京市丰台区莲花池西里 7 号(100073)
全国各地中法图分、子公司销售电话：
统一销售客服/400 - 660 - 6393
第一法律书店/010 - 83938334/8335 西安分公司/029 - 85330678 重庆分公司/023 - 67453036
上海分公司/021 - 62071639/1636 深圳分公司/0755 - 83072995

书号:ISBN 978 - 7 - 5197 - 3006 - 2 **定价**:38.00 元
(如有缺页或倒装,中国法律图书有限公司负责退换)